総説
博物館を学ぶ

駒見和夫 編

同成社

は じ め に

　日本の博物館は、博物館類似施設と呼ばれるものも含めると 5,771 館を数える。文部科学省が公表した直近の社会教育統計（2021 年度）の数値であるが、大学で博物館学の授業の最初にそれを学生に解説すると、数の多さにほとんどが驚く。館数からみるとかなり身近な存在といえるはずだが、あまり実感が伴わないため意外に思うようである。博物館という言葉を目や耳にすることはあっても、その活動や人びとにとっての価値が社会に十分に認識されていないからであろう。博物館に対する理解を深め、それを自身の恒常的な生活行動の場所に加えることができれば、暮らしの幅のひろがりと心の豊かさに結びつくと考えている。

　そして博物館は、公衆とともにあり、有益な社会資産として成長が求められる機関である。ゆえに、社会の変化や進展に応じて、その位置づけと果たすべき使命がより適切で明確になるように更新されていく。1946 年創設の国際博物館会議（ICOM）は、博物館の定義を現在までたびたび改訂しており、2022年に大きな見直しが行われた。日本では、博物館を規定してその健全な発達を図る博物館法が 1951 年に制定され、以後初めての単独改正が 2023 年にあった。法律の目的や博物館事業などが更改され、現代社会の方向性や課題を反映した新たな姿の博物館が模索されている。

　本書は、博物館にかかわる最新の動向を踏まえて、博物館の概念とその多様な活動、および博物館と社会のかかわりを捉え、博物館学と博物館行政の展望を示すことを意図している。執筆は、大学において博物館学およびそれに関連する教育を担っていることをベースとし、博物館の研究実績や運営などの実務に深くかかわった経験をもつ方々による。各執筆者には、博物館学および博物館学芸員を目指した学びに取り組もうとする人を中心に、文化行政に関心のあ

る人、博物館に興味をもっている人、さらには博物館にはじめて接する人たちにも親しんでもらえる内容とすることを意識してもらった。『総説 博物館を学ぶ』の書名は、その考えを表出したものであり、巻末には一段と深い学びの指標とすべく「読書案内」を加えてある。

　執筆に際し、共有の観点として、博物館の根幹が社会教育の役割を担うことを念頭に置き、論述・解説することとした。ただし、博物館とその活動に対する考え方は筆者によって異なる部分もある。自己の認識が事象の捉え方や用語に反映している点は、研究者であるそれぞれの意見を尊重し、整合させてはいない。多様な考え方や意見があることを知り、それを読み取って思考をひろげることは、現代の博物館の在り方とこれからの方向性の多角的な理解につながると考えている。

　本書をもとに、博物館への関心と親しみ、さらには新たな知見を多くの人たちに深めてもらうことが編者としての強い願いである。

駒 見 和 夫

目　　次

第Ⅰ部

博物館の概念とその基盤

第1章　博物館・博物館学とは

　博物館をひろく学んでいくにあたり、最初に博物館の名称のもつ意味について述べていく。そして、この博物館を考究するための学問がある。博物館学と称されるもので、これはどのような構造で何を明らかにするのかについて解説する。

1.　博物館の名称

　博物館という言葉は江戸時代の末に生まれ、明治時代になってから Museum の訳語として一般化するようになった。つまり、博物館という存在は、我が国の歴史文化のなかで創出されたものではない。

　博物館の語を最初に用いたのは、江戸幕府が万延元年（1860）に派遣した遣米使節団の名村吾八郎元度とみられる。名村が綴った『亜行日記』には、ワシントンで観覧したパテント・オフィス（Patent Office）を博物館と表記しており、同じ団員の玉虫左太夫誼茂は『航米日録』にそれを博物所と記している[2]。パテント・オフィスは特許局で、遣米使節団が訪れた時期には、海軍のチャールズ・ウィルクス（Charles Wilkes）の探検隊がアメリカ西海岸や南洋地域で収集した動・植物や鉱物の標本と諸民族の生活道具などがあり、このような自然誌と器・機械を中心とした物品を収納陳列していた。

　この使節団は日本の政権関係者として初めて西洋のミュージアム施設に接し、団員たちはそれを多様な表現で記録している。名村と玉虫が表記した「博物」は、安政年間に和刻された漢書の『博物新編』や『博物通書』から引いた

語句とみられる。両書は欧米の宣教師が中国語で著したもので、西洋の物理学、化学、天文学、動物学の最新知識を解説した自然科学書である。宣教師たちは natural philosophy と science の訳語に博物をあてており、この時代の natural philosophy は動・植・鉱物や天体などの自然物理解、science は工業技術の意味合いが強い。つまり、パテント・オフィスの自然物や工・産業技術を集めて陳列した様子を、玉虫と名村は博物の概念に結びつけたとみられる。

　続いて、文久元年（1861）に幕府が派遣した遣欧使節団は、欧州 6 か国で約50 か所のミュージアム施設を訪れた。団員の日記には博物館の表記を一部で用いているものの、美術系や歴史系のミュージアムに対する使用には逡巡と混乱がみられ、畫院・珍畫館や一大館舎などと記している。博物の概念に外れるからであろう。

　博物館の名称がひろく定着するのは、遣欧使節団に加わった福沢諭吉の『西洋事情』による。慶応 2 年（1866）に上梓された初編巻之一には「博物館」の項があり、そこでは博物館の様子を「世界中の物産、古物、珍物を集めて人に示し」と説明し、具体例として「ミネラロジカル・ミュヂエム」「ゾーロジカル・ミュヂエム」「動物園」「植物園」「メヂカル・ミュヂエム」をあげている。⁽³⁾ミネラロジカルは鉱物学、ゾーロジカルは動物学、メヂカルは医学を指し、動・植物園も含めて福沢が示す物産や古物や珍の博物も、自然科学にかかわる認識である。

　明治になると新政府は早々に博物館の創設に動き出す。明治 4 年（1871）には文部省に博物局を置き、その展覧場である湯島聖堂大成殿が博物館と呼ばれた。以後、明治 6 年（1873）には太政官博覧会事務局の山下門内博物館が設けられ、明治 10 年（1877）に文部省の教育博物館、明治 15 年（1882）には農商務省の博物館が東京上野で開館する。いずれも自然科学の物産や器械を集めて陳列した施設であり、農商務省の博物館では動物園も併設し、園内には水族館の最初とされる観魚室もあった。この間の明治 4 年には廃仏毀釈の対策として、仏像・仏具など古器旧物の保存施設を大学（後の文部省）の町田久成や田中芳男が献言している。その名称は「集古館」であり、古器旧物を博物と捉え

ていないことがわかる。また、明治10年に上野で開かれた第1回内国勧業博覧会では美術館の名称の展覧施設が設けられ、建物のプレートにはFine Artの英語を付していた。

　その後、農商務省の博物館の所管が明治19年（1886）に宮内省に移り、3年後には帝国博物館に改称された。改称の前年に宮内省は臨時全国宝物取調局を設けて宝物調査を進め、明治30年（1897）になるとこの実務と事務を帝国博物館が担うことになった。同年には帝国博物館の資料体制を整備する意図も含んだ古寺社保護法が施行されている。このような経緯から帝国博物館では歴史資料や美術工芸資料の収集・保存に重点が移され、博物館は人文科学も包括した展示収蔵施設と認識されるようになったのである。このような理解のもとで博物館の名称を付す施設の開設が各地で進んでいく。

　この間、明治24年（1891）刊行の国語辞典『言海』（大槻文彦編）には博物館の語が採録され、「動植鉱物、天造、人造、古今、中外、百般ノ物ヲ集メテ、衆人ノ覧ルニ供フル所」としている。自然科学をおもな対象とする認識である。辞典の解説は当時の一般的な見方を反映したものといえ、その後、大正8年（1919）刊の『大日本国語辞典』（金港堂書籍）では、「美術工芸品、動植鉱物、其の他参考となるべき諸物を博く陳列して衆人の縦覧に供する所」とあり、人文科学も包括する捉え方へと変化がみられる。昭和10年（1935）の『辞苑』（博文堂）になると、「古今・東西に互って考古学資料・美術品・歴史的遺物、その他の学術的資料を博く蒐集し」とあり、人文を主とした理解となっている。

　大戦後、新たな民主国家のなかで昭和26年（1951）に博物館法が制定され、博物館を法律で規定することとなった。この法において博物館が扱うのは「歴史、芸術、民俗、産業、自然科学等に関する資料」とされ、すなわち人文科学と自然科学をひろく対象とするものとしている。これが現在の博物館の捉え方となっており、『日本国語大辞典　第二版』（小学館）では「歴史、芸術、民俗、産業、科学などに関する資料や作品を……（中略）。動物園・植物園・水族館なども含まれる」と説明されている。

　このように博物館の名称が示す意味は、museum という施設・仕組みを我が国が導入して以降変化してきており、経緯をみると後に開設された博物館の事情による実態が、博物という言葉の意味に加えられていったことがわかる。そのなかで、art の概念は博物とはあまりにも相容れ難いため美術館という名称が定着し、博物館とは捉え方を異にするイメージが生まれている。文学館なども同様である。こうした実相は、museum にあてられた博物館という言葉における概念の特性であり、その特性は西洋の museum とはやや異なった日本の博物館観の要因となっている。

2. 博物館の定義

　つぎに、博物館の概念を具体的に示す定義について、我が国の博物館法と、国際的な理解となる ICOM（国際博物館会議）の規約を中心にみていきたい。

（1）博物館法の定義

　博物館に対する日本での理解は博物館法によるところが大きい。その第2条において博物館は以下のように定義されている。

　　　　この法律において「博物館」とは、歴史、芸術、民俗、産業、自然科学等に関する資料を収集し、保管（育成を含む。以下同じ。）し、展示して教育的配慮の下に一般公衆の利用に供し、その教養、調査研究、レクリエーション等に資するために必要な事業を行い、併せてこれらの資料に関する調査研究をすることを目的とする機関（社会教育法による公民館及び図書館法（昭和25年法律第118号）による図書館を除く。）のうち、次章の規定による登録を受けたものをいう。

　ここでは、人文科学と生物を含めた自然科学に関する資料が博物館を成立させるベースであり、それをもとに取り組む収集、保管、展示、必要な事業、調査研究が目的だとする。このうち展示は、教育の観点をもって人びとの利用に供するものとしている。必要な事業は、人びとの教養、および人びとが行う調

査研究やレクリエーションなどに資するものとあり、一般的には普及事業と呼ばれることが多い。この展示と必要な事業において教育や教養の役割に触れているが、社会教育法の第 9 条第 1 項で「博物館は、社会教育のための機関とする」と記されており、法律上で博物館は教育機関の位置づけをもつ。なお、社会教育は教育基本法において教育の実施に関する基本の一つに置かれ、さらには、日本国憲法第 26 条は国民がひとしく教育を受ける権利を有することをうたっている。こうした教育体系のなかに博物館は置かれているのである。

　さらに、上記の目的を掲げて、かつ登録を受けたものが法的な博物館と認められることとなる。博物館を設置しようとする者は、所在の教育委員会（都道府県もしくは指定都市）の登録を受けることが第 11 条で規定されているが、登録申請は任意であり、博物館の名称使用に制限もない。令和 3 年（2021）度の文部科学省社会教育調査では、登録博物館 911 館、登録と実質同等の博物館相当の指定施設 395 館、これら以外の博物館 4465 館という状況である。総計の 5771 館は諸外国と人口比でみても多い数であるが、法律上の位置づけのない博物館が約 8 割も占めるのは、教育文化機関として調和の取れた在り方という点で適切ではない。令和 5 年（2023）施行の博物館法の一部改正では、それまで登録要件としていた設置主体の大幅な緩和などにより登録申請の促進が意図されている。国と独立行政法人の博物館を登録申請の対象外に据え置くなどの課題は残るが、法律の下で活動する定義に適った博物館の増加が望まれる。

　なお、博物館の定義の主要部分は、昭和 26 年（1951）の博物館法発布以来、改められていない。

（2）ICOM 規約の定義

　ICOM は、博物館の進歩発展を目的として 1946 年に創設された国際的非政府組織である。1951 年に制定した憲章で博物館の定義を示し、のちに規約と改称して、定義は現在まで 7 回にわたり改訂されてきた。自国に博物館を規定する法令をもたず、ICOM の定義を拠り所に博物館を捉える国は少なくない。

　ICOM が示す現在の博物館定義は以下の内容である。

　　博物館は、有形および無形の遺産を研究、収集、保存、解釈、展示する、社会のための非営利の常設機関である。博物館は一般に公開され、だれもが利用でき、包摂的であって、多様性と持続可能性を育む。倫理的かつ専門性をもってコミュニケーションを図り、コミュニティの参加とともに博物館は活動し、教養、愉しみ、省察と知識共有のためのさまざまな経験を提供する（ICOM 日本委員会 2023 の訳文を一部改訳）。

　2022 年大会で採択されたこの定義は、従前の定義の基軸を踏襲しながら、今日の国際社会の要請に応える内容となっている。ここでは、博物館が扱う対象を有形・無形の遺産（heritage）と位置づけ、これらの研究（researches）、収集（collects）、保存（conserves）、解釈（interprets）、展示（exhibits）をその活動とする。interprets は調査研究により導き出されるものであり、これらの活動内容は日本の博物館法が示す博物館の目的と重なる。また、非営利（not-for-profit）の常設機関であることをうたっている。当初の憲章では「公共の利益」のためとしたものを、1974 年の改正以降、「非営利」の言葉で主張されてきた。日本の博物館法の定義ではこれを記してはいないが、法体系上、博物館は国民がひとしく教育を受ける権利を保障すべき社会教育機関に位置づいており、それを具現すべく、公立博物館の利用対価を徴収してはならない原則を博物館法第 26 条で示している。

　そして、博物館の社会的な役割も明記されている。一般に公開（Open to the public）される博物館において、すべての人の利用（accessible）や包括的（in-clusive）、多様性（diversity）、持続可能性（sustainability）の言葉が示す事柄は、現代の共生社会における主要課題でもある。人類が向き合うべき今日の命題に対して、博物館は強くかかわりをもつことを示している。さらに、人びととのかかわりとして、コミュニケーションを図ることとコミュニティの参加を得ることが博物館の活動を成立させる要件だとする。それとともに人びとにとって博物館の意義は、教養（education）、愉しみ（enjoyment）、省察と知識の共有（reflection and knowledge）の享受であり、それに適うべく、さまざまな経験の提供（offering varied experiences）を博物館は行うのである。

　ICOM の博物館の定義は、博物館が対象とするものとその活動すなわち機能を記すとともに、社会における位置づけ、さらに社会と人びとに果たすべき使命・役割を示している。この在り方は 1951 年の憲章以来、更改においても貫かれてきた。博物館法の定義と比較すると、博物館を社会的な存在としてより丁寧に意味づけているといえよう。ただし、日本の定義は博物館法のなかで示されたものであり、法体系における博物館法の位置づけと意義を踏まえたうえで読み解くべきである。

3.　博物館の役割

　博物館法と ICOM 規約の定義から博物館の概念をみてきたが、博物館の役割について、定義をもとに改めて整理しておこう。

　博物館法の定義は 2.（1）に示したように、目的という言葉で、資料をもとにした博物館のいわゆる機能が列記されている。すなわち、収集、育成を含む保存管理、展示、必要な事業、調査研究である。このうち、展示は教育的配慮をもって一般公衆の利用に供するもので、必要な事業は公衆が行う教養と調査研究とレクリエーションなどの活動に資するものと記し、それぞれの直接の目的を示している。展示と必要な事業は、ともに教育的な意味合いが強いため、展示普及とまとめられる場合が多い。つまり、博物館は収集、保管、展示普及、調査研究の機能を備え、これらの機能の遂行を目的とする機関とするのである（図 1.1）。

　一方、ICOM 規約の博物館定義では目的と機能を分けて捉えることができる。2022 年改訂前の 2007 年に採択された下記の定義はこの点が明確である。

　　　博物館とは、社会とその発展に貢献するため、有形、無形の人類の遺産とその環境を、教養、研究、楽しみを目的として、収集、保存、調査研究、伝達、展示をおこなう公衆に開かれた非営利の常設機関である。

　すなわち、博物館には目的（purposes）があり、それは公衆における教養（education）と研究（study）と楽しみ（enjoyment）であり、この目的を果た

すための機能が、収集（acquires）、保存
（conserves）、調査研究（researches）、伝達
（communicates）、展示（exhibits）だとして
いる。さらに、目的の上位に掲げる博物館の
役割を、社会とその発展への貢献（service）
とする。そして、このような博物館の社会的
な位置づけは、公衆（public）に公開される
非営利（non-profit）の常設機関なのである。
博物館が何のために存在し、いかなる目的
で、どのような活動を行うのかが明瞭に示さ
れている。

図 1.1　博物館法で博物館の定義
に示された目的（機能）

　これを改正した現在の定義は 2.（2）に示したとおりである。社会への貢献
を担う博物館は、変化する社会と向き合わねばならない。ゆえに、新たな定義
では現代の社会命題に対峙する姿勢を加え、また一部の表現を改めて意味の掘
り下げや具体性を表出させているが、機能と目的の関係は従前の定義の軸を継
承するものである。この定義に記された博物館の目的と機能と役割の関係を再
度整理すると、研究・収集・保存・解釈と展示の機能により、人びとに対する
教養・愉しみ・省察と知識共有といったさまざまな経験を提供するのである。
目的に位置づくその経験は、幅ひろい意味で学習経験と捉えることができる。
このように活動する博物館は非営利の常設機関として公開され、包摂的である
ことにより、社会における多様性と持続可能性を育む役割を担うわけである
（図 1.2）。

　博物館法の定義と ICOM 規約のそれを比較すると、前者には機能の総体に
よって果たす目的が示されていない。ただし、この定義は法の条文の一部であ
り、博物館法ではこの法律の目的を「国民の教育、学術及び文化の発展に寄与
すること」（第1条）としており、これを博物館の社会的な役割と見做すことが
できる。また、先述のように博物館法は社会教育法のもとにあってひろく教育
体系のなかに位置づくものであり、つまり社会教育のための博物館は公共の教

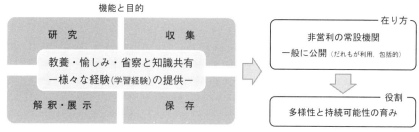

図 1.2　ICOM の博物館の定義に示された機能と目的、役割の関係

育を目的に掲げ、あらゆる人の学習権を保障する機関なのである。このように
法体系を踏まえて捉えるならば、日本の博物館の理念は、ICOM の理念とその
基本を大きく違えるものではない。

　ところで、令和 5 年（2023）施行の博物館法の一部改正において、博物館が
基づく法律に、社会教育法に加えて文化芸術基本法が掲げられた。文化芸術基
本法は平成 13 年（2001）制定の文化芸術振興基本法を平成 29 年（2017）に改
正施行したもので、文化芸術を人間に多くの恵沢をもたらすものと位置づけ、
美術館、博物館、図書館などの充実について説いている（第 26 条）。また、基
本理念では文化芸術そのものの振興に加え、観光・まちづくり・国際交流・福
祉・教育・産業など、文化芸術によって生み出されるさまざまな価値を、文化
芸術の継承と発展および創造につなげていくことを掲げている。これを受けた
改正博物館法では、事業のなかに「地域における教育、学術及び文化の振興、
文化観光その他の活動の推進」（第 3 条 3）が加えられた。ここに示された文化
観光は、文化に関する資源の観覧や体験活動などの活動を通じて、文化につい
て理解を深めることが目的の観光とされる。

　一方、令和 2 年（2020）に施行された文化観光推進法（文化観光拠点施設を
中核とした地域における文化観光の推進に関する法律）では、文化観光推進事
業者と連携する施設を文化観光拠点施設とし、国立の博物館や美術館がこれに
助言・援助・協力するとある。つまり、地域の博物館や美術館などは文化観光
拠点施設に位置づき、博物館が文化観光推進事業者と連携することは人びとの

文化権に資するものとなるが、その偏重は経済活動に重きが置かれる懸念を伴う。社会教育機関が担う学習権を損なわない在り方を基盤に据え、そのうえで文化権の保障を見据えることが肝要と思われる。

　なお、ICOM が示す博物館の定義は、先に示したように幾度も更新されてきた。日本の博物館法の定義は、制定された昭和 26 年（1951）以降改められていないが、博物館法自体は幾度かの改正が行われ、博物館の捉え方とともに在り方は変わってきている。博物館という機関は、社会の進展に応じた発達が求められる存在といえる。ゆえに、時代や人びとの要請に適った認識の見直しが必要とされるのである。

4.　博物館学とその構造

　博物館学とは、きわめて概括的に捉えるならば、博物館にかかわる課題を考究する学科に付与された学術名称である。博物館すなわちミュージアムは西欧で成立したものであり、博物館学もまたそこで発達してきた。

（1）国際的な理解

　欧州におけるこの学は、おもにミュゼオグラフィ（museography）とミュゼオロジー（museology）で構成される。

　museography の語は 1727 年にドイツの C. F. ニケリウスが著作に記したのが初出とされ[4]、ミュージアムに関連する実際的な活動を指すものとして用いられてきた。ICOM の国際博物館学委員会（ICOFOM）が 2010 年にまとめた "Key Concepts of Museology（ミュゼオロジーの主要概念）"[5] では、ミュージアムの業務のために開発されたさまざまな技術、特にミュージアムの施設の計画、整備、保存、修復、安全、展示に関する技術と定義している。邦訳ではこれを博物館実践学とすることが多い。museography はフランス語圏で定着している名称で、英語圏では museum practice（博物館実務）がこれにあたり、中欧と東欧では applied museology（応用博物館学）が多く用いられている。それぞれ

の概念は完全に一致するものではないが、ミュージアムにかかわる実務や技術に焦点を置く点で共通する。

　museology は、語源のうえでは study of the museum または museum studies（博物館の研究）とされる。要するにミュージアムの実務や技術を見据えたものではなく、ミュージアムの理論的な考究である。museology の名称は1950年代に世界的に認知が進み、80年代の ICOFOM ではミュージアムを人びとにおける可能な表現の一つと捉えて、「人間と現実の間の特定の関係を研究する学問」ともみられるようになった。また、80年代中頃にはフランスで提唱された new museology（新博物館学）が各国に影響を及ぼした。これはミュージアムの社会的役割とその学際的性格、表現とコミュニケーションの新しいスタイルを強調するものである。コレクションを中心とした古典的なミュージアムとは対極の、新たな概念とスタイルをもつミュージアムを視野に入れた考え方で、エコミュージアムやサイエンスセンターなどがこの思潮を反映した実態となる。

　そして今日の museology は、museal（ミュージアル：博物館的/museum の形容詞形とその名詞的用法の2つの意味をもつ）という概念と合わせて理解が図られている。museal について前述の "Key Concepts of Museology（ミュゼオロジーの主要概念）" では、それが指す分野、すなわち"博物館的"に続く内容は、ミュージアム組織の設立や発達および運営にとどまらず、ミュージアムの基盤や問題に関する考察も含まれるものと説明する。つまり、museal は文化遺産の視点からみた現実にかかわる特定のアプローチであり、この現実との特定のかかわりは政治学と並び、社会生活、宗教、人口統計学、経済学などと同じレベルに位置づくとしている。そして、museal の語から始まるところの、ミュージアムに関するあらゆる事象に museology は適用されるものとみなし、museology を「museal が網羅する分野を理論化あるいは批判的に考察するあらゆる方法、またその倫理および哲学」と定義するのである。「museal が網羅する分野」は、ミュージアムという場ともいえよう。

　museography と museology の概要を ICOFOM の定義をもとに解説したが、

その範疇と概念は地域や国によって、あるいは研究者によって異なる部分を有し、さらにミュージアムの定義と同様に、社会の進展に応じて新たな指向や方法が展開される動向にある。

（2）日本における博物館学

　博物館学の邦語の使用がみられるのは明治 44 年（1911）にさかのぼる。日本社会が幕末に近代のミュージアムと出合って以来、博物館にかかわる言説は細々ながらも続いてきたなかで、欧米の状況から、博物館を学究の対象と捉えようとする認識が明治の末には芽生えていたのである。

　昭和になると学問としての認識がより明確になる。昭和 5 年（1930）に棚橋源太郎が上梓した『眼に訴へる教育機関』は、博物館を体系的に説いた日本で最初の研究書である。「物品の蒐集製作整理保存」の章で、博物館従業員養成の必要を説くなかで「ミュンヘンの大学にはムゼウムス・クンデ（博物館学）の講座があつた」とあり、「亜米利加でもミユージアモロジー（博物館学）といふものは立派な一つの学問になつてゐて」とも記し、博物館事業の健全な発達のために、日本の大学において博物館学の科目を開設すべきと主張している。ムゼウムス・クンデは museums kunde、ミユージアモロジーは museology であろう。欧米での博物館学の存在を示し、それを博物館の機能や役割を深化させる学科と理解しているのがわかる。棚橋は博物館を社会教育機関と認めて、その歴史や職能、種類、実務、建築にも言及してこれを体系的に論じており、自身が理解する博物館学の体現を意図したものと捉えることができる。また、洋画家の大森啓助は、museography に博物館学の語をあてた「ミウゼオグラフィー―博物館学」とする論説を昭和 18 年（1943）に著し、博物館学を最も新しい学問の部に属すると紹介して、博物館の実務と技術を中心にその発達史や分布を解説した。

　戦後になると、博物館に関する方法や理念を科学としてまとめあげる試みがみられるようになり、博物館学を冠した研究書も刊行されるようになる。昭和 31 年（1956）に日本博物館協会編で出版された『博物館学入門』では、鶴田総

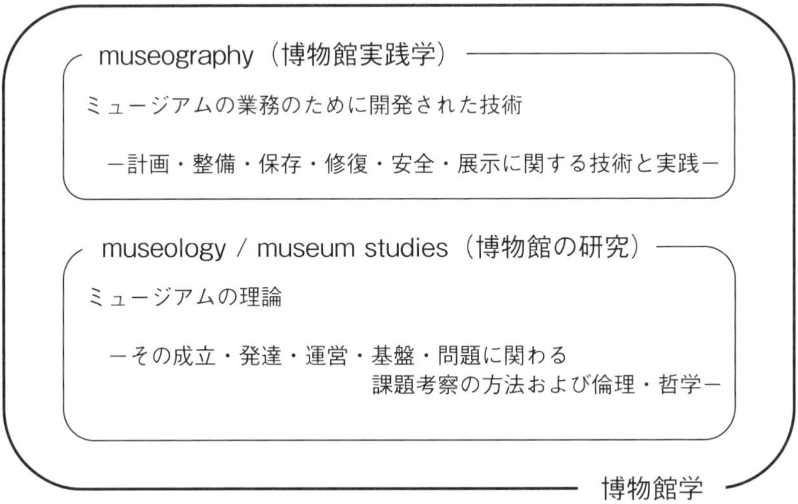

図 1.3 博物館学の構成

一郎が museology を博物館学と記し、「一言で尽くせば博物館の目的とそれを達成する方法について研究し、あわせて博物館の正しい発達に寄与することを目的とする科学」としている。さらに、博物館学がほかの科学から独立したものであるために、「博物館学は、心理学を片翼とする教育学の未開拓の一分野として存在し、従って、これから研究されねばならぬ教育学の特殊な方法として、博物館学的方法が厳存する」と考えたのである。鶴田が提示した概念は欧米の museology を写したものではなく、日本の博物館の発達を図るための独自の学観といえる。

　そして、昭和 54 年（1979）に『博物館学』[10] を著した倉田公裕は、「博物館学（Museology）は、語義からいって、博物館（Museum）の論理学（Logic）ということで、博物館の科学的理論付けである」とした。さらに進めて、「博物館学という（科）学は、博物館の概念や理論構成に関する処理の仕方、操作の仕方を扱う科学的研究」であり、博物館に関係する諸科学に直接対象とならない問題、すなわち博物館とは何か、博物館の本質は、内容は、方法は、組織は何か、という問題こそ「博物館学の根本問題」だと述べている。

　鶴田や倉田が捉える博物館学は、博物館の理論のmuseologyを中心に実践学のmuseographyを包括した意味をもつ認識であり、これが日本における博物館学の理解の土台となり、今日に引き継がれてきた。それを踏まえてこれからの博物館学は、museologyとmuseographyの国際的な指向や方法の展開を取り込み、その構造を社会の進展に適うように補強していくことが求められるものと考える（図1.3）。

註

（1）日米修好通商百年記念行事運営会編 1961『万延元年遣米使節史料集成』第二巻 風間書房、所収。

（2）沼田次郎・松沢弘陽 1974『西洋見聞集』岩波書店、所収。

（3）福沢諭吉 1980『西洋事情初編（抄）』福沢諭吉選集第1巻　岩波書店、所収。

（4）フランソワ・メレス、アンドレ・デバレ編（水嶋英治訳）2022　「第Ⅰ部第2章 博物館学」『博物館学・美術館学・文化遺産学　基礎概念事典』東京堂出版。

（5）https://icofom.mini.icom.museum/publications/key-concepts-of-museology/（2023年8月26日閲覧）。

（6）黒板勝美 1911『西遊弐年 欧米文明記』文会堂（青木豊 2008「黒板勝美博士の博物館学思想」『國學院大學博物館學紀要』32における指摘）。

（7）棚橋源太郎 1930『眼に訴へる教育機關』寶文館。

（8）大森啓助 1943「ミウゼオグラフイー—博物館学」『新美術』21・22・23。

（9）日本博物館協会編 1956『博物館学入門』理想社。

（10）倉田公裕 1979『博物館学』東京堂出版。

（駒見和夫）

第2章 博物館の成り立ちと展開

　ミュージアムは古代ギリシアのムセイオン（museion）に由来し、やがて学問研究や教育を行い、一般に公開する場として発展した。日本では古代より寺院や神社が収集・公開機能をもっており、明治期にミュージアムの概念が輸入されて博物館が誕生した。当初は殖産興業に寄与するべく博覧会などと並行して発展したが、さまざまな組織変遷を経て、調査研究成果を反映した展示を行う機能を備えていった。

1．ミュージアムの成り立ち

　博物館は英語のミュージアム（museum）の訳語だが、フランス語ではミュゼ（musée）、イタリア語・スペイン語ではムゼオ（museo）、ポルトガル語ではムゼウ（museu）、ドイツ語ではムゼウム（museum）と表記される。これらはいずれも古代ギリシアのムセイオン（museion）に由来する。古代ギリシアではムセイオンは元来学問・芸術の女神ムーサ（Musa）たちの神域・神殿を意味しており、ギリシア神話のムーサは主神ゼウスと記憶の女神ムネモシュネとの間に生まれた9人姉妹で、のちのローマ時代にはそれぞれ歴史・抒情詩・喜劇・悲劇・舞踊・恋愛詩・賛歌・天文学・叙事詩の守護神として解釈されるようになった。[1]古代ギリシアではやがて学問研究や教育を行う場を示す言葉として用いられるようになっていき、ヘレニズム時代になると、ムセイオンは各地に設けられるようになった。

　なかでも大規模なのは、紀元前3世紀にエジプト王プトレマイオス1世が首

都アレクサンドリアに設立したムセイオンである。これは古代ギリシアのアテナイにあったプラトンのアカデメイアや、アリストテレスのリュケイオンをモデルにしたもので、付属機関に当時世界最大の図書館だったアレクサンドリア図書館があったほか、いわゆる天文観測所・動物園・植物園や、薬草・解剖学の研究所などを備えた、自然科学や文献学研究を中心とする総合学術機関だった。そして地中海各地から学者や芸術家が集まり、ヘレニズム文化の中心地となった。

やがてローマ時代が到来すると、アレクサンドリアは帝国第二の都市として存続し、ムセイオンも皇帝の庇護を受けて発展していった。しかし、紀元前48年のカエサルによるエジプト遠征で一部が焼失し、392年のキリスト教国教化にさきがけて、その前年に過激派のキリスト教徒によって破壊されてしまった。以後ヨーロッパ社会にキリスト教の精神が浸透していくにしたがって、ムセイオンの活動は衰退していったのである。

なお、ローマ帝国では戦利品としてさまざまな美術品などが収集されており、なかでもハドリアヌス帝の別荘として133年にティヴォリに建てられたヴィッラ・アドリアーナには、多くのコレクションが集められたといわれる。

ヨーロッパでは中世になるとキリスト教を中心とした社会がひろがり、教会が民衆教化のためにさまざまなものを収集していった。教会では殉教者や大きな功績を残した人物たちを聖人と捉え、聖書の内容や聖人を題材とした絵画、儀式に使用する目的で制作された工芸品などが集められたほか、聖人の遺体の一部や遺品が聖遺物として信者たちの崇敬の対象となったため、積極的に収集されていった。それに加えて、当時珍しいとされたものも集まり、十字軍が遠征先から持ち帰った戦利品や、伝道者・巡礼者が収集したものもコレクションの一部を構成するようになっていった。そして教会が収集したものは、信者たちにひろく公開する公的な性格をもつようになったのである。

14世紀末〜16世紀になると、イタリアで起こり、やがてヨーロッパ社会に広範に展開した文化革新であるルネサンスの時代が訪れる。都市の富裕な上層市民を中心とした市民文化が開花して、古代ギリシア・ローマの古典文化が再

図 2.1　ナポリの薬剤師フェッランテ・インペラートの『博物宝典』より「驚異の部屋」
（町田市立国際版画美術館提供）

評価されるようになり、その対象は文学・美術・思想・建築・自然科学など多
方面にわたった。また、教会から権力を取り戻した王侯貴族も宝石や貴金属類
を中心に、コレクションを蓄積していき、ときには外交面で権力を誇示するこ
とを目的に公開することがあった。

　この時期には古代遺物をはじめ、絵画や彫刻などの同時代の芸術家の作品、
さらには大航海時代の到来とともに各地の珍しい動植物の標本や工芸品などが
盛んに収集されていった。やがてこうしたコレクションは書斎に飾られ、来客
に見せるための展示が行われるようになっていくのである。そして15世紀に
は、王侯貴族が各々の趣味や価値観を反映した多種多様なコレクションを収蔵
し鑑賞するための空間が作られていく。これらはキャビネットと呼ばれ、ルネ
サンス期にはイタリア・フィレンツェのメディチ家が豊富な財力を背景にコレ
クションを形成し、展示している。なかでもフランチェスコ 1 世時代の1581年

からは、庁舎の 3 階に美術品を収容し展示するようになり、メディチ家断絶後の 1769 年からは一般公開されている（現ウフィツィ美術館）。

　一方、アルプス以北のドイツ語圏では、皇帝や領主たちが当時の人びとにとって奇想天外な珍品奇物を収集したキャビネットを形成し、これらは「驚異の部屋」と呼ばれた（図 2.1）。ハプスブルグ家のキャビネットでは、神聖ローマ皇帝ルドルフ 2 世（1552〜1612）がプラハに設け、フェルディナント 2 世（1578〜1637）の時代にオーストラリアのアンブラス城にも設けられたことが知られている。なお、これらのコレクションの一部は現在、ウィーンの自然史博物館・美術史美術館に受け継がれている。

　このような展開はヨーロッパにおいて 17 世紀頃までみられ、自然史や美術工芸分野を中心に、学問や芸術の発展に貢献していったが、後世の博物館・美術館のようなひろく一般民衆にひらかれた展示機能をもつまでには至らなかった。あくまでコレクションの持ち主である王侯貴族や資産家にキャビネットへの出入りを許された一部の者への公開に限られており、コレクションの分類や系統だった収集方針などが構築されるのは次代を俟たねばならなかったのである。

2.　近代西洋ミュージアムの発達史

　ヨーロッパでは、17 世紀後半から 18 世紀にかけて絶対王政が崩壊し、民衆が主体となる民主的な社会が徐々に形成されるようになる。それとともに 19 世紀にかけて産業革命が起こり、イギリス・フランスを中心に工業化が進んでいった。その一方で、帝国主義国家に成長したヨーロッパ諸国は、アジアやアフリカに植民地を求めて進出し、略奪・収集したコレクションを形成していった。こうして博物館は民衆に開かれた存在になる反面、植民地で得た品々を陳列して国威を示す場面ともなったのである。

　イギリスでは、王室の侍医を務めた医学者ハンス・スローン（1660〜1753）の古美術・古貨幣・動植物標本・書籍など 6 万点余におよぶ膨大なコレクショ

ンを国家が買い取り、これにロバート・コットン卿一族の蔵書や初代・2代の
オックスフォード卿収集の手稿本などを加え、1753年に大英博物館（British
Museum）を設立した。1759年1月から一般に公開され、エジプトで獲得した
ロゼッタ・ストーンや、パルテノン神殿の彫刻、オーレル・スタイン（1862〜
1943）によるシルクロードの発掘品など、各地から重要な資料を収集してい
る。その後、同館は自然科学部門を1883年に自然史博物館に、民族学部門を
1970年に人類博物館としてそれぞれ独立させ、古文書・古書籍を収蔵する図
書館は、1972年に分離された。

　また、イギリスは17世紀のピューリタン革命の際に王室の絵画を外国に売
却しているが、1824年にJ.J.アンガースタインのコレクションを買い取って開
設したナショナルギャラリー（国立美術館）は、ルネサンス期から19世紀まで
のヨーロッパ絵画を系統的に収蔵している。また、産業革命をいち早く経験し
たイギリスは、1851年のロンドン万博を成功させ、万博の展示品をもとに翌
年産業博物館を設立し、1857年に現在地に移転後はサウス・ケンジントン博
物館と名を改めている。同館は殖産興業・デザイン発展を目指したが、そのコ
レクションは多岐におよび、1899年にヴィクトリア＆アルバート博物館と改
称し、1909年には現在の建物が完成している。

　一方、フランスではフランス革命後の1793年にルーヴル美術館を開館し、
フランソワ1世にさかのぼる歴代王室の収集品を国民全体の財産としてルーヴ
ル宮殿に集めて公開した。「ミロのヴィーナス」「モナリザ」をはじめとする
数々の名作を所蔵するほか、キュレーター（学芸員）や研究者の養成機関を設
けており、当初は美術家の見学日が5日、一般公開日が3日、展示準備や清掃
日に2日という10日間サイクルで運営していた点が特徴的だった。なお、パリ
には国立自然史博物館があるが、これは1635年に国王ルイ13世が創設した王
立薬草園を起源とし、革命後に一般公開するべく1873年に開館したものであ
る。

　また、19世紀に急速に経済大国に成長したアメリカでは、資金の寄付や個
人のコレクションをもとにした博物館が多く、スミソニアン博物館はアメリカ

を代表する科学・産業・技術・芸術・自然史分野の 19 の博物館および研究センターの施設群である。1829 年に死去したイギリスの貴族で科学者でもあったジェームズ・スミソンの遺言によってアメリカに寄付された財産をもとに、1846 年にワシントンに設立されたスミソニアン協会が母体となっている。

3.　日本における博物館の源流

　ミュージアムという概念が欧米からもたらされる以前の日本にも、それに近い要素がなかったわけではない。むしろ豊富な経験と独自の展開があった。以下に明治維新以前の日本における展開を述べておきたい。

　日本では古代から寺院や神社が収集・保管機能をもっており、奈良時代には東大寺に正倉院が建てられている。天平勝宝 8 年（756）6 月に、光明皇太后が夫である聖武太上天皇の遺品を献納したのに始まり、以後も大仏に献納された品々や、東大寺伝来の文書・宝物、唐や西域、ペルシャなどからもたらされたものなどが収集された。宝物は文書類・経典・仏具・陶磁器・染織・絵画・彫刻・書跡・調度品・薬物・楽器・遊戯具・武器・武具など多岐にわたっており、それぞれが由緒にしたがって整理されている。また、倉は北倉・中倉・南倉の 3 室に仕切られ、北倉・南倉の外壁は大きな檜の三角材を井桁に組んだ校倉造でつくられており、中倉はその前後の外壁を厚い檜板で囲った板倉で、いずれも内部は 2 階造りとなっている。そして宝物は杉の唐櫃に入れられて保存されてきたほか、虫干し（曝涼）や点検を頻繁に行うなど、保存管理に重点が置かれていた。また、宝物は朝廷の監督下にあって、明治 8 年（1875）に国に移管されるまでは、天皇の許可なしでは開けられない勅封の倉として管理されていた。

　寺院や神社には、古代から権力者による祈願のために刀剣・甲冑や経典・絵画・工芸品などが奉納された。また、村落・町の共同体や、信者団体である講によって奉納されることもあり、近世（江戸時代）になると、富裕な農民・商人の奉納も増えていった。中世・近世社会においては、神仏習合思想がひろが

図2.2　江戸の寺院の虫干し（『東都歳事記』）（出典：国立国会図書館ウェブサイト https://dl.ndl.go.jp/pid/764257/1/4）

り、同一の境内に寺院と神社が共存し、仏教的要素と神道的要素が混在する場合も多かった。特に庶民信仰がひろがった近世になると、寺請制度の浸透によって受け皿となる寺院数が増え、稲荷や地蔵などを祀った小祠が次々に建てられるようになると、旗・幟・幕・灯籠・天水桶・手水鉢・額・絵馬・仏具などが盛んに奉納されるようになっていった。

このように、寺社と民衆との関係が密接だった近世では、虫干し（虫払い）・開帳・絵馬などに博物館機能の萌芽をみることができる。虫干しは年中行事として毎年旧暦6・7月に行われることが多く、土用には土用干しが行われたほか、江戸では7月2日に煤払いとともに行われ、寺社の宝物・蔵書・什物や商家の商品・商売道具が虫干しされ、信者などに公開されていた（図2.2）。

また、開帳は寺社に安置される秘仏・御神体・宝物を期間を限って公開するもので、虫干しの際に数日間公開することを開帳という場合もあるが、近世ではおもに建物の維持・修復・再建費用捻出のための助成として許可を受けた寺社が数十日間公開する行為を指している。これは現在の博物館における特別展に近いもので、一般にひろく公開され、賽銭は入館料、守札類や略縁起などの販売はミュージアムショップに近い要素をもっており、これらの収入が寺社の経営を支えていたのである。なお、信者や参詣者の奉納物は開帳期間中は会場に飾られたため、18世紀後半になると、趣向を凝らして制作したものや、奇

を衒った見世物的な奉納物を職人に特注する者が増え、なかにはこれらを見物するための摺物なども市販されるなど、参詣者の注目を集め、さながら作品展のような要素をもつに至った。

　絵馬は元来、祈願や神祭に神の降臨を求めて生きた馬を献上する行為に代わるものであり、奈良時代には板絵馬が登場した。室町時代中期には馬以外の図が現れ、形状・図柄・仕様が多種多様になるとともに、大絵馬（扁額）と小絵馬に分化していった。名もない絵師や絵馬屋・絵馬師が描く吊り掛け形式の小絵馬は現代に通じるもので、庶民が盛んに奉納するようになったのに対して、大絵馬は領主や富裕な農民・商人が絵師に描かせて奉納した。大絵馬のなかには有名な絵師の作品もあり、規模の大きな寺社には、境内に絵馬堂（額堂）が設けられ、大絵馬を展示するギャラリーが生まれた。このことからも、開帳奉納物と同様に寺社は一般に作品展の場を提供していたということができる。

　一方、中世になると住居に絵画や調度品を飾るようになり、さらに床の間が現れて、茶の湯がひろがる室町時代には、限られた空間に来客の鑑賞に供することを意識して書画や美術工芸品などを飾る文化が登場した。そして近世になると、武家や町人社会において、正月や 3 月 3 日の上巳の節句、5 月 5 日の端午の節句などの年中行事の際に室内を飾り立てたり、折に触れて集めたコレクションを飾って親族や来客の鑑賞に供する文化が浸透していった。

　また、薬用となりうる動植物や鉱物の研究を行う本草学が近世に発展し、18世紀後半以降は実学的な調査研究を伴う自然物の展示会である物産会が行われるようになった。医療に直結する本草学は、収集や分類・観察、そして調査研究を促進し、自然史に関する基礎的研究の進展や、コレクションの蓄積をもたらした。宝暦 7 年（1757）、平賀源内の提案、本草家田村藍水の主催で、江戸湯島で日本初の物産会である「薬品会」が開催されたが、これは一般公開はされなかったものの、全国から薬用になる動植物、鉱物を集めたものだった。以後物産会はたびたび催され、学問的交流の場としても重要な役割をはたしている。こうした自然科学や古器物への関心の高まりは、蘭学の発展にも寄与しており、なかには蘭学者鷹見泉石の協力のもとで約 20 年にわたって雪の結晶を

観察し『雪華図説』を著した土井利位（としつら）や、鐘銘・碑銘・兵器・楽器・銅器・法帖・古画・印章・扁額・文房の 10 種約 2,000 点を摸写し、所在・寸法を記録した『集古十種』を寛政 12 年（1800）に刊行した松平定信のような博物大名も現れている。

　ほかにも料亭や寺院を借りて行う書画会があり、会場には文人達が書・絵画・和歌・俳句などの自作を持ち寄り、酒宴や席画が行われた。これらの多くは 1 日限りのものだったが、同好のグループによる作品展の要素があり、なかには木版摺の図録や出品目録が作られる場合もあったようである。

　ところで、長崎出島にはオランダ商館医として日本に赴任した際に日本のさまざまな文物を入手し、これらをもとに祖国で日本を紹介する者たちがいた。『日本誌』を著したケンペル（1651〜1716）や、『日本植物誌』で知られるツンベルク（1743〜1828）のほか、ドイツ人医師フィリップ・フランツ・フォン・シーボルト（1796〜1866）は出島に植物園を設けて 1400 種以上の植物を栽培し、出島の外にも鳴滝塾を開き、伊東玄朴・高野長英ら多くの蘭学者を育てた。その一方で、日本の地理・植生・生活文化にも深い関心を抱き、『日本動物誌』『日本植物誌』や、日本についての総合的研究書『日本 Nippon』を著した。また、シーボルト事件で国外退去処分を受けたあとも、オランダのライデンに日本博物館を開設して、日本で収集した動植物の標本や民族資料などの膨大なコレクションを展示し、開国後安政 6 年（1859）に再来日して文久 2 年（1862）に帰国するまで博物収集や自然観察などを行っている。

4.「博物館」の登場

　明治期になると、日本は博覧会の時代を迎える。欧米からミュージアムという概念を輸入・翻訳して「博物館」という存在が登場したのもこの時期である。

　すなわち、博覧会は工業・商業・農業・水産業などの諸産業や、技芸・学術などの文化について、その活動や成果の実態を生産品・模型・機構図などの展示や実演などによって一般の人びとに知ってもらうための催しをいうが、日本

におけるその嚆矢は、慶応 3 年（1867）にパリで行われた第 2 回万国博覧会（パリ万博）に幕府および薩摩藩・佐賀藩などが参加し出品したことであろう。そして明治 6 年（1873）のウィーン万博に日本は明治政府として初めて公式参加し、日本館を建設したが、これには前述シーボルトの息子ハインリヒ・フォン・シーボルトらの助言があり、エキゾチシズムを効果的に表現するべく、日本のすぐれた美術工芸品を中心に展示された。欧米諸国の日本への関心は、19 世紀初頭から高まりをみせていたが、これを機にジャポニズムが注目され、ヨーロッパの芸術家にも大きな影響を与えた。

　こうした動向もあって、日本でも国内に博物館を建設することが急務となっていった。すなわち、明治政府は明治 4 年（1871）に文部省に博物局を設置し、大学南校博物館の名称で九段坂上の三番薬園で物産会を開催し、同 5 年（1872）3 月 10 日から 20 日間の予定で文部省博物局が湯島聖堂大成殿で古器旧物中心の博覧会を開催し、事務局を博物局、展示および物品の収蔵場所を博物館とした。そしてこれと並行して、同 4 年 5 月に太政官から「古器旧物保存方」を布告し、翌年「壬申検査」といわれる日本最初の国家による文化財調査を実施している。その背景には明治維新の際に神仏分離令への急進的対応から廃仏毀釈運動が起こった地域が多く、それまで寺社に宝物として所蔵されていた古器旧物が散逸し始めていた実態があり、これを踏まえた所在把握が行われた。この時期は前述のウィーン万博に出品する資料収集も行われていた頃であり、明治政府が出品する資料の一部はこの湯島聖堂博覧会で公開されている。

　同博覧会の光景を描いた図 2.3 をみると、画面手前には水槽に入れた山椒魚、中央に大きな黄金の鯱、正面の堂内には肖像画・書跡など、右の棚に剥製・骨格見本・額入絵画など、左の棚にアイヌ民族の衣装や、漆器・和楽器・甲冑・陶器類などが網羅的に陳列されているのがわかる。この時は多くの来館者があり、会期を 1 ヶ月延長して行われた。そして終了後に万博に出品する資料と民間の出展資料を除いた収集資料については、以後毎月官吏の休日にあたる 1・6・11・16・21・26 日に一般公開されるようになった。

　こうして日本で恒久的に資料を展示する機能が初めて誕生したのだが、その

図 2.3 歌川国輝「古今珎物集覧」（早稲田大学図書館提供）

後、明治 8 年（1875）には太政官（のち内務省）と文部省とに所管が分かれ、内務省系統の博物館が博覧会を、文部省系博物館が学校教育を支援する教育博物館を担うこととなった。

　ところで、博物館という表現はこの頃登場しているが、「博物」とは元来ひろく物事を知っていることや物知りを意味する言葉で、日本ではすでに平安時代には使用され、日常生活や社会におけるさまざまなものを対象としていた。日本でミュージアム（museum）の訳語を「博物館」と表現したのは幕府によって欧米に派遣された使節団一行だった。すなわち、万延元年（1860）の遣米使節に随行した通詞の名村元度が、さまざまな展示物を有するワシントンの国務省特許局を「博物館」と訳し、文久遣欧使節に随行した漢学者市川清流が、文久 2 年（1862）4 月に見学した British Museum を「博物館」と訳している。そして、慶応 2 年（1866）にこの遣欧使節に随行した福沢諭吉が刊行した『西洋事情』初編によってひろめられたのである[2]。福沢は万延元年に日米修好通商条約批准のため幕府がワシントンに派遣した使節団や、文久 2 年にオランダ・イギリス・フランス・プロイセン・ポルトガル・ロシアに条約交渉で派遣した遣欧使節団に通訳として随行し、各国の代表的な博物館を視察しており、市川も遣欧使節には副使松平康直の従者として随行している。福沢はこの時の見聞を

もとにまとめた同書で、「博物館は世界中の物産古物珍物を集めて人に示し見聞を博くする為に設るものなり」と述べている。諸国から集めた資料を一般に公開し、見識をひろげるために設けた施設であるという認識である。そして欧米の博物館を鉱物博物館・動物学博物館・動物園・植物園・医学博物館の5つに分類している。鉱物博物館・動物学博物館は自然史博物館に相当するもので、いずれにしても福沢の認識では自然史系博物館を捉えたものであり、人文系博物館を想定したものではなかったようである。

なお、「博覧」という言葉はひろく一般の人びとが見ることを意味するため、一部の仲間内で開催されていた物産会の称を改め、広く一般に公開するスタンスを踏まえた博覧会という表現に落ち着いたのだろう。福沢も前書で「西洋の大都会には数年毎に産物の大会を設け世界中に布告して、各其国の名産便利の器械、古物奇品を集め万国の人に示すことあり、之を博覧会と称す」と述べて、物産の紹介や古くて貴重なもの、珍しいものを紹介するべく、数年ごとに諸国から資料をひろく集めて展示する行事であるとしている。

このように、明治前期の博物館については、西洋のミュージアムの概念を日本流に消化していく段階にあり、一定の目的にしたがって資料を収集し、一般にひろく公開するという機能を強く意識するようになっていったが、その一方で、珍しいものや宝物を重視する傾向は引き継がれており、さらに文明開化や殖産興業を推進する意図が反映されるようになっていったのである。

5. 近現代の日本における博物館の発達

前述のように、明治政府は博物館の管轄を内務省系と文部省系の2系統に分離させたが、いずれも幾多の変遷を経て、現在前者は東京国立博物館、後者は国立科学博物館となっている。このうち、博覧会事務局から始まる内務省系の博物館は、明治政府が西洋の博覧会を参考に、国内でも明治10年（1877）に上野公園で第1回内国勧業博覧会の開催を目指していたこともあり、殖産興業に寄与することが求められていた。博覧会の中心的な推進者であった町田久成は

維新前に薩摩藩の英国留学生として渡英し、大英博物館やパリの自然史博物館を詳細に見学し、それらをモデルとした博物館を構想していたのである。しかし、同14年（1881）に農商務省が設置され、省内に博物局が置かれるようになると、新たに美術の分野が加えられ、同18年（1885）に宮内省が設置されてその管轄下となると、美術館的博物館の傾向を強めていき、同22年（1889）5月に帝国博物館、同33年（1900）6月には東京帝室博物館と改称された。同館は歴史や絵画・美術工芸を中心とする館となり、産業育成の要素は博覧会や物産陳列場が担うようになっていったのである。

　一方、文部省系の博物館は明治8年（1875）4月に東京博物館と称し、標本の収集に専念したが、公開可能な施設を求めて同10年（1877）1月に湯島聖堂内から上野公園内に移転し、教育博物館と名乗った。ここでは学校用品や実験道具、標本など自然史系の資料を収集・陳列した。同館は当時、近代教育の幕開けを象徴する専門博物館として、モノを中心とする教育における国際交流の役割を担っていた。しかし、学校教育の普及もあって、明治20年代になると、同館にはモノを介した国内外の教育交流や、近代的学校教育制度の整備・普及に果たす役割を求められなくなっていったため、同22年（1889）に閉鎖され、規模をかなり縮小して湯島聖堂内で高等師範学校附属東京教育博物館として存続する。その後、大正3年（1914）6月に東京高等師範学校から独立し東京教育博物館となり、同10年（1921）6月に東京博物館と改称するが、同12年（1923）9月の関東大震災によって施設・標本をすべて消失してしまった。その後、館長棚橋源太郎の尽力もあって、昭和6年（1931）2月に東京科学博物館と改称し、一般市民に科学を啓蒙する機関として再出発している。

　ところで、明治期には動植物園・水族館も設置されている。すなわち、明治15年（1882）に農商務省所管の博物館附属施設として日本最初の動物園である上野動物園が設置され、さかのぼって同10年（1877）には江戸幕府の小石川御薬園の系譜を引く東京帝国大学理学部附属植物園が開園している。また、水族館は上野動物園内に設けられた観魚室にその起源があり、同23年（1890）の第3回内国勧業博覧会以降は農商務省水産局が水族館を設置し、同理学部附属三

崎臨海研究所が同 31 年（1898）に油壷に移転したのを機に水族館を併設して、同 42 年（1909）から一般公開を始めている。なお、同 32 年（1899）には初の私設水族館として、浅草公園水族館が開設されるが、2 階に大衆劇場を備えるなど、興行的要素の強い館だった。

　明治中期から昭和初期にかけて、日本ではさまざまなジャンルの博物館が現れている。ここでは以下に特徴的な専門博物館と物産陳列場について述べておきたい。

　専門博物館としては、明治 15 年（1882）2 月に靖國神社境内に遊就館が開設され、内務省・陸軍省・海軍省によって運営されたのが嚆矢である。やがて日清・日露戦争を経て収蔵資料が増えたため、同 41 年（1908）に新館を建て、時代別展示方法を考案している。そして、昭和 9 年（1934）には、国民への軍事知識普及のために付属館として国防館（現靖國会館）を設立するに至った。また、伊勢神宮では同 24 年（1949）5 月に境内に農業館を開設し、農業・林業・水産業に関する資料を収集・展示し、同 26 年（1951）には譲渡された三重県物産陳列場の資料をもとに徴古館（当初は工芸館）を開館し、同 44 年（1969）からは神宮司庁の管轄となった。さらに同 35 年（1960）には日本の万国郵便連合加盟 25 周年を記念して郵便博物館が開館している（のち逓信博物館と改称し、現在の郵政博物館に受け継がれている）。

　一方、明治 30 年（1897）に古社寺保存法が制定され、神社や寺院の建造物や、所蔵する宝物の一部が特別保護建造物や国宝（旧国宝）に指定されて、海外への流出防止が図られるとともに、維持修復に補助金が交付されるようになり、国宝は博物館において厳重な保護が求められるようになった。そのため、日光東照宮や金刀比羅宮などに宝物館が相次いで設立されている。大正 12 年（1923）9 月の関東大震災では、東京をはじめとする南関東で建造物や文化財が相次いで損壊・滅失したため、文化財や資料の保護意識がさらに高まり、昭和 4 年（1929）に国宝保存法が制定されると、個人や地方公共団体が所蔵するものも指定対象となり、展示することが義務となった。

　さらに、各地に物産陳列場も次々に生まれている。すなわち、新潟県では新

渇公園内に明治 6 年（1873）に物産陳列場が設置され、同 13 年（1880）には横浜市公園内に神奈川県物産陳列場が開設されている。そして同 20 年代以降になると全国各地に設けられているのである。これらの物産陳列場の特徴は、欧米の商業博物館をモデルに農商務省が計画し、地域産業の発展を意図して設立された点で、地方で行われた博覧会や、出品物の優劣を品評する共進会を契機としている。文字どおり物産を陳列して公開するわけだが、制作方法などの解説がある点や、陳列品を販売する場合もある点で、博物館と異なる要素もあった。その後、同 30 年（1897）に東京に農商務省商品陳列館が開館し、商品見本の収集・陳列を行い、大正 9 年（1920）に道府県立商品陳列所規定が公布されると、各地の物産陳列場は産業育成の役割を失っていき、商品見本の陳列所に変質していった。

　また、明治 40 年（1907）、日本初の百貨店である三越は美術部を創設し、翌年半切画展を開催しているが、これが百貨店での展覧会の嚆矢といわれ、以後展覧会機能をもつ百貨店が増えていった。百貨店の展覧会は、商業活動と結びつく点もあるものの、最新の研究成果を示す場にもなり、学術的情報の普及・啓蒙にも貢献している。

　日本ではこのような推移のなかで、ただモノを見せることに重点を置く陳列から、一定の研究的裏づけをもち、何らかの意図やメッセージ性を込めて工夫し配列する展示へと徐々に変化していった。そして明治 44 年（1911）に黒板勝美が初めて博物館学を提唱し、昭和 3 年（1928）3 月、前述の棚橋源太郎らによって博物館事業促進会が発足した。これは博物館思想を普及し、博物館の建設を促進させようというもので、同 6 年（1931）には日本博物館協会と改称している。実際昭和初期には國學院大學考古学資料室・早稲田大学坪内博士記念演劇博物館・明治大学刑事博物館といった大学博物館や、鎌倉国宝館・大原美術館などが相次いで開館している。しかし間もなく戦争が激化していくと、各地の博物館は閉館を余儀なくされ、資料が散逸する危機に見舞われている。

　戦後昭和 24 年（1949）に社会教育法、同 25 年（1950）に文化財保護法が公布され、同 26 年（1951）には博物館法が制定されて、博物館に関する法整備が

進められていった。ここで博物館の機能として収集・保管・調査研究とともに、展示して教育的配慮の下に一般公衆の利用に供することが明示されたのである。その後日本の経済成長を背景に、昭和 30 年代後半から平成初めにかけて次々に博物館が建設され、地方の公立博物館や私立館も増えていった。その結果、博物館法施行の際には全国で 200 館余だった博物館は、平成になって 5,700 館余に増加している。

　2000 年代以降、日本の博物館は利用者やニーズの多様化への対応が迫られており、さまざまな理念をもった博物館が現れている。そして、施設の老朽化やリニューアルへの対応も急務となっている。また、国立博物館が独立行政法人化し、一部の公立の博物館には指定管理者制度が導入されるとともに、私立館には新公益法人法が適用されるようになり、現在日本の博物館の在り方が問われているのである。

註

（1）ムーサの複数形はムーサイ（Mousai）であり、英語では単数形をミューズ（Muse）、複数形をミューゼス（Muses）と表記する。ムーサは博物館の語源であるばかりでなく、音楽（Music）の語源ともなっており、これらの女神は当初詩や音楽を司る存在とされ、のちにひろく学問・芸術全般の神とされるようになっていったが、まだこの段階では美術を司る神は存在していなかった。なお、古代ギリシアでは美術品収蔵所はピナコテケといわれ、アテナイのアクロポリスのピナコテケでは美術品の収集や展示が行われたことが知られている。

（2）なお、文久 2 年に堀達之助が編纂した我が国初の本格的英和辞典である『英和対訳袖珍辞書』において、ミュージアムは学術のために設けた場所であり、「学堂書庫等」と定義されている。また、明治前期の日本における「博物学」は、動物・植物・鉱物を中心とした自然史・自然誌として受容されたが、哲学的なものや形而上的なものも対象に含めることがあり、明治 20 年代に博物館の概念が定着をみるまでにはかなりの時間を要した。

（滝口正哉）

第3章 博物館の法規と倫理

　本章では、博物館とは法規上どのようなものであるべきかを考えたい。具体的には、博物館法や博物館にかかわる教育基本法、社会教育法、文化芸術基本法などの法規や博物館の定義、博物館倫理、行動規範などを遵守し、博物館や学芸員が為すべき役割と行動指針について述べていく。

1. 法体系上の博物館と博物館法

（1）博物館の定義

　「博物館」とは、どういうものなのであろうか。博物館というと、東京国立博物館や国立科学博物館のように、○○博物館という名称がついた館を思いうかべる方が多いのではないか。美術館、動物園や水族館は博物館とは別の施設というイメージをもっている方も多いかもしれない。

　しかし、博物館は博物館という名称を冠に掲げている施設だけではなく、国が決めた「博物館法」により定められている。「博物館」は、歴史資料（土器や埴輪、甲冑や刀、きものなど）や美術品（絵画、彫刻、陶器、漆器など）や自然史資料（恐竜や魚類、鳥類などの骨格標本、貝、化石など）、動植物（動物、水族、植物など）などの資料の種類にかかわらず、その資料を収集・保管（育成）し、それらの資料についての調査研究を行い、展示、公開し、教育普及活動やレクリエーションに資するために必要な事業などを行うことを目的とする機関である。また、学芸員は人びとの生活文化にかかわった「もの」資料や出来事について調査研究し、後世に伝承する役割を担う。

　1951 年（昭和 26）制定の博物館法では、社会教育法の精神に基づいて、「国民の教育、学術」とともに、「文化」の発展に寄与することを目的とし、法の規定による「登録を受けたもの」と定義されている。

　この法の規定による「登録を受けたもの」とは、1951 年（昭和 26）に博物館法の制定が行われて以来、都道府県および指定都市の教育委員会が登録を行ったものである。登録を受けるために博物館の設置者は、教育委員会に申請をし、①目的を達成するために必要な博物館資料があること、②目的を達成するために必要な学芸員そのほかの職員を有すること、③目的を達成するために必要な建物および土地があること、④ 1 年を通じて 150 日以上開館すること、などの審査要件を満たしていれば、登録博物館としての許可を得られ、博物館として登録することができた。

　ただし、設置者が、地方公共団体または一般財団・社団法人、宗教法人、政令で定めるその他の法人のいずれかである以外は、登録博物館としての登録はできず、「博物館相当施設」の指定であった。

（2）博物館法の改正

　2022 年（令和 4）に博物館法の一部改正が行われ、博物館は、社会教育としての役割に加え、文化芸術に関する伝統文化を継承する場としての役割が明確になった。

　また、法改正以前は、設置者が地方公共団体または一般財団・社団法人、宗教法人、政令で定めるその他の法人のいずれかである場合は、登録博物館としての登録はできず、旧法の第 29 条（第 5 章 雑則（博物館に相当する施設））で規定されていた、「博物館相当施設」の指定であったことはすでに述べた。しかし、法改正では、国立と独立行政の機関以外は、都道府県及び指定都市の教育委員会に「登録博物館」として申請をすることができるようになり、「博物館相当施設」については、今回の改正法では、第 31 条（第 5 章博物館に相当する施設）の「指定施設」として、新たに規定された。

　これまでの博物館法では資料があり、土地建物や開館日、学芸員がいること

などの条件が揃っていれば博物館として登録することが可能であった。しかし、実際に博物館として運営するには、資料があり、それを展示するスペースや保存する建物があっても、人びとが博物館に求めている教育を人びとに提供できているのか、社会教育としての教育普及に役立っていると認められているかが問われる。博物館法が制定されたおよそ70年前とは、社会的環境が大きく変わり、博物館が社会に求められている内容も変化しているのである。そのようなことから、今回の改正法では実際に博物館に必要な事業を12項目明記している。以下、抜粋する。

　一　実物、標本、模写、模型、文献、図表、写真、フィルム、レコード等の博物館資料を豊富に収集し、保管し、及び展示すること。

　二　分館を設置し、又は博物館資料を当該博物館外で展示すること。

　三　博物館資料に係る電磁的記録を作成し、公開すること。

　四　一般公衆に対して、博物館資料の利用に関し必要な説明、助言、指導等を行い、研究室、実験室、工作室、図書室等を設置してこれを利用させること。

　五　博物館資料に関する専門的、技術的な調査研究を行うこと。

　六　博物館資料の保管及び展示等に関する技術的研究を行うこと。

　七　博物館資料に関する案内書、解説書、目録、図録、年報、調査研究の報告書等を作成し、及び頒布すること。

　八　博物館資料に関する講演会、講習会、映写会、研究会等を主催し、及びその開催を援助すること。

　九　当該博物館の所在地又はその周辺にある文化財保護法（昭和二十五年法律第二百十四号）の適用を受ける文化財について、解説書又は目録を作成する等一般公衆の当該文化財の利用の便を図ること。

　十　社会教育における学習の機会を利用して行つた学習の成果を活用して行う教育活動その他の活動の機会を提供し、及びその提供を奨励すること。

　十一　学芸員やその他の博物館の事業に従事する人材の養成及び、研修を行うこと。

　十二　学校、図書館、研究所、公民館等の教育、学術又は文化に関する諸施設と協力し、その活動を援助すること。

　これらの 12 項目は、今まで博物館が社会に貢献するために、行われていた事業を改めて整理し、さらに社会が博物館に対して期待することを明記したものである。それまでの博物館では、博物館が自分の館の資料を収集し保管し、調査研究をする。そして、それを展示公開して、資料に関する解説や講演会などを開くこと、また、博物館報などで、研究成果を公開するなど、さまざまな事業を行ってきた。これらのことから、一般の人びとへの社会教育に寄与してきたといえる。しかし、残念ながら、すべての博物館の今までの活動が十分であるとはいえない。これからの博物館は、社会との接点を多くし、具体的には学校、図書館、公民館などと協力・連携し、相互に活動することによって、社会の人びとに、博物館の資料や人材を活用してもらう機会を提供することが求められ、それらの役割を担う事業は、必須項目であることが明記された。

　そして、これからの博物館は、幼児、児童、生徒、学生、社会人など、さまざまな立場の人に博物館の資料と人材を提供し、社会教育を担うことが求められている。

　そのほか、博物館資料を公開し、それを研究やレクリエーションに役立てるためにアーカイブスの充実を図ることも役割としてあげられている。アーカイブスとは、博物館の資料についての記録文書、写真などを整理し、保管し、公開閲覧可能にし、そのデータを利用可能にした記録場所をいう。社会のなかでインターネット環境が整い、これらを活用することが重要になってきている。

　今回の法改正でこれらの 12 項目が具体的に明記されたことから、博物館の教育普及、資料の活用などが活発になることを期待したい。

2. 博物館は、社会教育を担う——社会教育法——

（1）法が示す社会教育

　博物館の役割の一つに社会教育を担うということがあると述べたが、昭和 24 年法律第 207 号の社会教育法第 9 条では、「図書館及び博物館は、社会教育

のための機関とする」ことを制定している。ここでは、この社会教育法について、考えてみたい。

　社会教育法の目的は第1条に、「この法律は、教育基本法（平成十八年法律第百二十号）の精神に則り、社会教育に関する国及び地方公共団体の任務を明らかにすることを目的とする」とある。

　では、社会教育の定義はなにかというと、第2条で定義を述べている。「この法律において「社会教育」とは、学校教育法（昭和二十二年法律第二十六号）又は就学前の子どもに関する教育、保育等の総合的な提供の推進に関する法律（平成十八年法律第七十七号）に基づき、学校の教育課程として行われる教育活動を除き、主として青少年及び成人に対して行われる組織的な教育活動（体育及びレクリエーションの活動を含む。）をいう」とある。

　そして、「国及び地方公共団体は、この法律及び他の法令の定めるところにより、社会教育の奨励に必要な施設の設置及び運営、集会の開催、資料の作製、頒布その他の方法により、すべての国民があらゆる機会、あらゆる場所を利用して、自ら実際生活に即する文化的教養を高め得るような環境を醸成するように努めなければならない」（第3条）とある。それとともに、「国及び地方公共団体は、前項の任務を行うに当たつては、国民の学習に対する多様な需要を踏まえ、これに適切に対応するために必要な学習の機会の提供及びその奨励を行うことにより、生涯学習の振興に寄与することとなるよう努めるものとする」（第3条2）とされている。さらに「（前略）社会教育が学校教育及び家庭教育との密接な関連性を有することにかんがみ、学校教育との連携の確保に努め、及び家庭教育の向上に資することとなるよう必要な配慮をするとともに、学校、家庭及び地域住民その他の関係者相互間の連携及び協力の促進に資することとなるよう努めるものとする」（第3条3）とある。

　例えば、体育やレクリエーションの関連であれば、小学生の時に、町内会や子ども会主催で夏休みにラジオ体操を行って、小学校には、スタンプを押してもらった紙を提出したことがあったのではないだろうか。これも社会教育活動であり、社会と学校と家庭教育の連携になる。そのほか、町内会主催・共催の

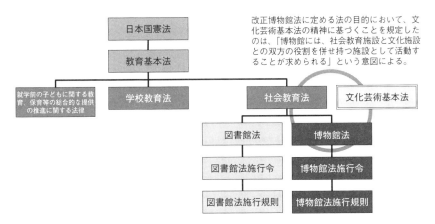

改正博物館法に定める法の目的において、文化芸術基本法の精神に基づくことを規定したのは、「博物館には、社会教育施設と文化施設との双方の役割を併せ持つ施設として活動することが求められる」という意図による。

図 3.1　博物館に関わる法体系

キャンプファイヤーや盆踊り大会や神社仏閣のお祭りなどは、子どもに限らず老若男女が楽しめるレクリエーションの場であり、お神楽や笛、踊りの練習なども地域の伝統文化を知る機会となり、伝統文化の伝承を担う社会教育の場となる。これらの活動は、所作や挨拶の仕方など、家庭教育にも関係し社会と地域と家庭の協働の活動になる。

　また、国や地方公共団体（都道府県、市町村）が設置する公民館や児童館などの施設は社会教育の場として重要である。これらは年中行事の伝承の場所として、年末の餅つき、お正月のかるた大会、お書き初め、どんど焼き、ひな祭り、5 月の節句、七夕、文化祭やバザーなど、さまざまな年中行事を行い、文化の伝承を担い、地域住民との交流の場として、また、レクリエーションの場として重要な役割を担っている。そのほか、書道教室、俳句教室、絵画教室、英会話教室など、老若男女を問わず各種の習い事の機会を提供し、まさに社会教育を担っている。私たちが住んでいる地域社会をみてみると、環境整備として、地域の清掃やゴミ拾いや草取りなど、ボランティア活動としてさまざまな活動が行われていると思う。

　社会の家族構成も変化し、核家族が多くなり、子育て世代に対しての支援も重要になっている。国や地方公共団体は、社会生活の変化に応じて、社会の人

びとのさまざまな需要に応えられるよう努める必要がある。そして、もちろん博物館も地域住民や公民館、児童館などと連携し関係を深め、社会教育を担うよう努める必要がある。

（2）学校教育と社会教育

　学校教育と社会教育とは、長らく切り離されて論じられていたが、文部科学省の学習指導要領（2017年（平成29）公示）では、子どもたちが未来社会を切り拓くための資質・能力を一層確実に育成することを目指し、地域の自然や文化にかかわる人びとの努力や工夫などに気付き、自らのふるさとを大切にしようとする態度を育てることを目的とし、博物館、公民館、図書館などの社会教育施設の利用と連携、その活用をするよう勧めている。

　具体的な教科としては、小学校、中学校の社会科では、博物館や資料館などの施設の活用を図ること。小学校の図画工作や中学校の美術では、地域の美術館などを利用したり、連携を図ったり、積極的に活用すること。中学校の総合的な学習の時間では、博物館や科学学習センターなどと連携、協力を図り、それらを積極的に活用し、博物館、公民館、図書館などの社会教育施設や社会教育関係団体などの各種団体と連携し、博物館を教科の学習に活用することを指導している。社会教育としての役割を博物館が担っているが、2017年には、学校教育課程でも積極的に博物館を利用し、博物館の資料や学芸員の人材活用をすることを指導するようになっている。このように、博物館の存在は、社会から認められていることがわかる。だからこそ、これからの博物館は、その求めに応えられるようにしたい。

3.　文化芸術基本法と博物館の役割

　2018年（平成29）に、文化芸術施策の総合的な推進を図るために改正された文化芸術基本法では、博物館の充実は「文化芸術に関する基本的な施策」の一つとして位置づけられた。1951年の博物館法の制定の時から、博物館の活動

には、文化芸術により生み出された価値の継承・発展や、新たな文化芸術の創造を促す役割が求められていたが、今回の文化芸術基本法では、今まで以上に、役割が明確に示されている。

（1）文化芸術基本法の要点

文化芸術基本法の前文は、文化芸術について以下のように説明している。

> 文化芸術は、人々の創造性をはぐくみ、その表現力を高めるとともに、人々の心のつながりや相互に理解し尊重し合う土壌を提供し、多様性を受け入れることができる心豊かな社会を形成するものであり、世界の平和に寄与するものである。更に、文化芸術は、（中略）それぞれの国やそれぞれの時代における国民共通のよりどころとして重要な意味を持ち、国際化が進展する中にあって、自己認識の基点となり、文化的な伝統を尊重する心を育てるものである。（後略）

文化芸術の振興を図るためには、表現の自由の重要性を深く認識し、文化芸術活動を行う者の自主性を尊重しつつ、文化芸術を国民の身近なものとし、それを大切にするよう包括的に施策を推進していくことが不可欠であること。ゆえに基本理念を明らかにして、その方向を示し、文化芸術に関する施策を総合的かつ計画的に推進するために、文化芸術基本法という法律を制定したとある。

これらに加え、2017年（平成29）に一部改正が行われ、基本理念の改正として、以上の4項目が追加された。

1. 国民がその年齢、障害の有無または経済的な状況又は居住する地域にかかわらず等しく、文化芸術を鑑賞し、これに参加し、又はこれを創造することができるような環境の整備が図られなければならない。
2. 我が国及び世界において文化芸術活動が活発に行われるような環境を醸成すること（後略）。
3. 乳幼児、児童、生徒等に対する文化芸術に関する教育の重要性に鑑み、学校等、文化芸術活動を行う団体（以下「文化芸術団体」という。）、家庭及び地域におけ

> る活動の相互の連携が図られるよう配慮されなければならない。
> 4.（前略）文化芸術の固有の意義と価値を尊重しつつ、観光、まちづくり、国際交流、福祉、教育、産業その他の各関連分野における施策との有機的な連携が図られるよう配慮されなければならない。

（2）文化芸術と文化芸術団体

　文化芸術基本法では文化芸術に関する教育の重要性を謳っているが、文化芸術というものはどういうものなのか、なかなかイメージが掴みにくいかと思う。最も広義の「文化」であれば、例えば、挨拶の際、お辞儀をする、握手をする、頬を寄せるなど風土のなかで生まれて育ち、身に付けていく立ち居振る舞いがある。また、日常の生活様式では、椅子に腰かける、床に座る、足を伸ばす、脚を屈するなどの日常の所作や物事の価値観、人間の自然とのかかわり方など、違いがある。生活にかかわる、人間が介在する事象は、地域や人びとの生活様式により違いがある。その違いを知り、理解することが重要である。

　文化芸術鑑賞については、例えば、音楽（オペラ、オーケストラなど）、舞踊（バレエ、現代舞踊、日本舞踊など）、美術（絵画、陶芸・漆芸などの工芸や彫刻、書、デザイン、建築、写真、マンガ）、映画鑑賞、演劇（現代演劇、ミュージカルなど）、伝統芸能（歌舞伎、能楽、狂言、邦楽、落語、漫才）や民俗芸能（お祭り、神楽など）の鑑賞や史跡・名勝・遺跡などの見学がある。

　これらの文化芸術の理解を促すために、人びとの多様な価値観を知り、自分と違う価値観の他者を否定し避けるのではなく、積極的に他者の文化を知ろうとし、世界平和につなげることが必要であるとしている。また、さまざまな文化芸術の鑑賞の機会を増やすことで、それらの理解を促し、伝統の継承に務めることになる。

　また、新たに加わった規定には、文化芸術団体の役割にかかわる規定と関係者相互の連携および協働にかかわる規定がある。「文化芸術団体は、自主的かつ主体的に、文化芸術活動の充実を図るとともに、文化芸術の継承、発展及び創造に積極的な役割を果たすよう努めなければならない」（第5条の2）。「国、

独立行政法人、地方公共団体、文化芸術団体、民間事業者その他の関係者は、基本理念の実現を図るため、相互に連携を図りながら協働するよう努めなければならない」（第5条の3）としている。

そのほか、政府が講ずべき措置に「税制上の措置」を加えること（第6条）や文化芸術に関する基本的施策の拡充として、芸術の振興にかかわる規定に関する改正として、「芸術の制作等に係る物品の保存」および「芸術にかかわる知識及び技能の継承」への支援を加えること（第8条）と、メディア芸術の振興にかかわる規定に関する改正として「展示」「メディア芸術の制作等にかかわる物品の保存」および「メディア芸術に係る知識及び技能の継承」への支援と「芸術祭等の開催」を加えること（第9条）などがある。

また、伝統芸能の継承および発展にかかわる規定に関する改正として、沖縄の伝統芸能の「組踊」が加えられた（第10条）。

そのほか、生活文化の振興を図ることとし、新たに「食文化」が加えられた（第12条）。食文化には、酢、醤油、味噌などの発行調味料を用いた調理方法やその制作技術、道具の保存のほか、昆布、鰹節などを使った出汁や保存食、各地に伝わる郷土料理など地域の特産品を用いたハレ（祝い事）やケ（葬儀や喪）、日常で食されるさまざまな地域特有の食文化を保護し継承することを奨励している。そして、それらの食文化と観光が結びついて、まちづくりや街の活性化につながることを目指し、観光振興と地域活性化に結びつけるのを目的の一つとしている。

（3）芸術文化の振興と普及

地域における文化芸術の振興にかかわる規定に関する改正として、必要な施策の例示に「芸術祭等への支援」を加えている（第14条）。国際交流などの推進にかかわる規定に関する改正として、「世界の文化芸術活動の発展」を図ることとし、文化芸術にかかわる国際的な催しの例示では「芸術祭」を加えるとともに、「海外における我が国の文化芸術の現地の言語による展示、公開その他の普及への支援」「海外における著作権に関する制度の整備に関する協力」

および「文化芸術に関する国際機関等の業務に従事する人材の養成及び派遣」を示している（第15条第1項）。

　芸術家などの養成について、「文化芸術活動に関する企画又は制作を行う者」および「文化芸術活動に関する技術者」を明示し、必要な施策の例示として国内外における「教育訓練等の人材育成への支援」「作品の流通の促進」および「芸術家等の文化芸術に関する創造的活動等の環境の整備」を加えている（第16条）。

　また、日本語教育の充実として「日本語教育を行う機関における教育の水準の向上」を加え（第19条）、「著作物の適正な流通を確保するための環境の整備」および「著作権等の侵害に係る対策の推進」を加えている（第20条）。さらに「高齢者、障害者等が行う創造的活動、公演等への支援」も加えられている（第22条）。

　そのほか、国は、公共の建物などにおいて、文化芸術に関する作品の展示とその他の文化芸術の振興に資する取り組みを行うよう努めるものとすること（第28条第2項関係）。文化芸術の振興に必要な調査研究ならびに国の内外の情報の収集、整理および提供そのほかの必要な施策を講ずるものとすること（第29条の2関係）などをあげている。

　民間の支援活動の活性化としては「文化芸術団体が行う文化芸術活動への支援」を加え（第31条）、「関係機関等の間の連携」に関し、「民間事業者」を加えること（第32条）などがある。

　さらに文化芸術基本法では文化芸術活動のための啓発も含めて示されている。文化財には、無形文化財、有形文化財の別があるが、博物館では、有形の資料だけでなく、無形の資料（無形文化財には、祭りや伝統芸、音楽など）について写真や映像、音声などを記録し保存に努めてきた。しかし、博物館法の後に制定された文化芸術基本法では、これらの博物館の「伝統芸術」の記録活動に限らず、ひろく一般の方に鑑賞の機会を増やし、伝統芸術の担い手の活動の場をひろげることにも重きをおいている。芸術祭の開催、および舞台における活動などを奨励し、一般の人びとや高齢者や障害のある方にも鑑賞できる機

会をひろげ、乳幼児、児童、生徒など教育現場とも連携し、その活動をひろげた普及を促進している。

　文化芸術基本法において博物館に関係する項目を抽出すると、以下の条文があげられる。

　　第 14 条　国による地域における文化芸術の振興

　　第 21 条　国による国民の鑑賞機会の充実

　　第 22 条　国による高齢者、障害者等の文化芸術活動の充実

　　第 26 条　国による美術館、博物館の充実のための施策

　　　　　　　（多様なニーズに対応した美術館・博物館のマネジメント改革のガイドライン）

　　第 27 条　国による地域における文化芸術活動の場の充実

4.　文化観光の推進に関する法律施行規則

　2020 年（令和 2）5 月 1 日、文化観光推進法（文化観光拠点施設を中核とした地域における文化観光の推進に関する法律）が国内外から観光客を博物館・美術館や神社仏閣などに誘致して、観光振興と地域活性化につなげる目的として制定、施行された。

　この法律の所管は文化庁・観光庁の共同であるが、文化庁が主要な事務を行う。そのため、文化庁内に初めて観光を掲げた担当部署（文化観光担当参事官室）が設置された。また、文部科学省関係文化観光拠点施設を中核とした地域における文化観光の推進に関する法律施行規則（令和 2 年法律第 18 号）第 16 条第 1 項の規定では、文化財の登録を推奨している。文化財が有形文化財（文化財保護法第 2 条第 1 項第 1 号に規定する有形文化財をいう）または有形の民俗文化財（同項第 3 号に規定する民俗文化財をいう）や無形文化財（文化財保護法第 2 条第 1 項第 2 号に規定する無形文化財をいう）であるときは、保持者または保持団体（同法第 71 条第 2 項に規定する保持団体をいう）となるべき者、無形の民俗文化財である時は保存地方公共団体等（同法第 90 条の 7 第 1 項

に規定する保存地方公共団体などをいう）となるべき者が、登録を申請するように推奨している。

　文化観光推進法は文化観光を推進するために、文化財登録を推奨し、その文化財を観光に結びつけ活用する目的で制定されたが、新たに文化財の登録をすることで、コミュニティの文化の認知につなげ、国や市町村からの助成金などの援助を得て文化の保存と伝承が推進されるのなら、喜ぶべきことである。しかし、新たに文化財登録をしたものが観光のためだけに使われ、文化の伝承の役割が蔑ろにされないように気をつけたい。博物館や学芸員は、文化財を観光資源として活かしつつ、人びとが文化財に触れる機会を増やし、そのことにより、人びとの学びとレクリエーションや創造の糧となる機会にしたい。

　私たちは、現在も文化を築いている。国や地域、年齢などさまざまな違いにより価値観も違う。そのことを知り、理解し敬意を表し、さまざまな文化を、過去から現代へ、そして未来につなげていきたい。

5. 博物館における倫理規定

　ICOM（国際博物館会議）では、1970年に資料の収集活動の倫理がまとめられ、1986年に博物館の専門職員としての職業倫理規程が制定された。その後2001年の改訂にあたって、「博物館倫理規定」と改め、2004年に再び更新した。ICOMの倫理規定は、世界中の博物館の専門職員が望んでいる行動と実践の最低基準を示すものとされている。それと同時に、ICOMは各国、各博物館が自ら考え、望む倫理規定を定めることを勧めている。ICOMの倫理規定の初版が選定されたのち、1997年にカナダ、2000年にアメリカ、2002年にイギリス、2007年フランスなど、独自に博物館倫理規制が制定された。また、韓国は独自の倫理規定は作らなかったものの、1998年、博物館法のなかに「ICOMの倫理規定を遵守する」という一文を盛り込んでいる。

　それでは我が国の場合は、どうであろうか。すでに、図書館、動物園、水族館などでは働く者の行動規範として、「倫理網領」は制定されていたが、博物

館の日本版の倫理規定は、ICOM が制定し欧米諸国が各国の事情を踏まえ独自の倫理規定を制定したにもかかわらず、対応が遅れていた。そのため、我が国の博物館界では、日本版倫理規定を制定すべく 2009 年（平成 21）から 2 年間にわたり、日本博物館協会が、アンケートやシンポジウムを開催して、博物館に従事する学芸員、職員などと議論を行った。

　この「倫理規定」という言葉について、我が国ではなじみがないことから、先例の日本学術会議の「科学者の行動規範」や「企業の行動規範」という事例から、「博物館活動の原則として守るべきもの」であり、「博物館に関わる人々の拠り所になるもの」という意味で「行動規範」とした。

　2012（平成 24）年 7 月に日本博物館協会が制定し、公表された「博物館関係者の行動規範」は、「博物館は、人類共有の財産である貴重な資料を分かち合い、文化を継承、創造していく機関である。博物館は、過去と現在と未来をつなぐことで、豊かな感性と知性にあふれる力ある社会を築くことに貢献する。このような博物館の公益性を高めるために、博物館に携わる者が尊重すべき拠りどころとして、博物館関係者の行動規範を示す。ここでいう「博物館」は、博物館法及び ICOM（国際博物館会議）による博物館の定義を準用し、「博物館」、「美術館」、「郷土館」、「文学館」、「科学館」、「植物園」、「動物園」、「水族館」等のあらゆる館種を含む」と謳っている。

　上記をまとめると以下のようになる。

〔博物館関係者とは〕
　設置者を構成する者、博物館の職員、ボランティア、インターンなどの博物館に携わるすべての者
〔設置者とは〕
　国立館の場合：所管省庁の責任者、担当者
　独立行政法人の場合：理事、評議員
　公立館の場合：所管部署の責任者、担当者
　公益法人が設置する館：理事、評議員

　　株式会社などが設置する館：所管部署の責任者、担当者

　　個人立館：設置者

　　経営者：理事長、館長など経営に責任をもつ幹部

　　職員：学芸系職員、学芸員、研究員、飼育員などの呼称を問わず学芸業務
　　　　　に従事する専門職

　さらに「博物館関係者の原則」では、博物館があるべき姿とその役割を次のように定めている。博物館は、公益を目的とする機関として、次の原則に従い活動するとしている。博物館とは、「1. 学術と文化の継承・発展・創造と教育普及を通じ、人類と社会に貢献する。2. 人類共通の財産である資料及び資料にかかわる環境の多面的価値を尊重する。3. 設置目的や使命を達成するため、人的、物的、財源的な基盤を確保する。4. 使命に基づく方針と目標を定めて活動し、成果を評価し、改善を図る。5. 体系的にコレクションを形成し良好な状態で次世代に引き継ぐ。6. 調査研究に裏付けられた活動によって、社会から信頼を得る。7. 展示や教育普及を通じ、新たな価値を創造する。8. その活動の充実・発展のため専門的力量の向上に努める。9. 関連機関や地域と連携・協力して総合的な力を高める。10. 関連する法規や規範、倫理を理解し、遵守する」。

　博物館は、資料を収集し調査研究をし、展示や教育普及に活かし、人びとがさまざまな文化を理解し次世代に伝承できるよう働きかける役割を担っていると規定している。特に、2の「人類共通の財産である資料及び資料にかかわる環境の多面的価値を尊重する」ということは、さまざまな価値観を保有する地域や国、生活様式を鑑みて、資料の保持者であった人びとに敬意を表し、資料と保持者の尊厳を保つことが重要であると述べている。また、6の「調査研究に裏付けられた活動によって、社会から信頼を得る」という一文からは、学芸員を中心とする博物館関係者は、その使命と倫理観に裏付けされた確かな知と文化の営みを次世代につないでいく重要な役割をもつ研究者であり、職業人であることを改めて認識させられる。

　学芸員は、博物館の資料について責任をもって収集し研究調査を行い、人び

とに伝える役割を担っている。だからこそ、資料のバックグラウンドを理解することに努め、さまざまな価値観の多様性を見出し、多様な人びとに寄り添って考え、その思いを伝えるための努力を常に忘れないようにすることが重要であろう。博物館や学芸員は、人びとをつなぎ、過去から未来へと文化をつなぐ平和の使者でありたい。

参考法令

◇博物館法（昭和二十六年法律第二百八十五号）
　　施行日：令和五年四月一日（令和四年法律第二十四号による改正）
◇社会教育法（昭和二十四年法律第二百七号）
　　施行日：令和四年六月十七日（令和四年法律第六十八号による改正）
◇文化観光拠点施設を中核とした地域における文化観光の推進に関する法律
　　施行日（令和二年五月一日）から施行
　　附　　則（令和三年六月十一日文部科学省令第三二号）
◇文部科学省関係文化観光拠点施設を中核とした地域における文化観光の推進に関する法律施行規則（令和二年文部科学省令第十八号）
　　施行日：令和三年六月十四日（令和三年文部科学省令第三十二号による改正）
◇日本博物館協会編「博物館の原則　博物館関係者の行動規範」財団法人日本博物館協会、2012 年 7 月
◇国際博物館会議（ICOM）「イコム職業倫理規定」2004 年 10 月改定、イコム日本委員会翻訳・発行

　　　　　　　　　　　　　　　　　　　　　　　　　　　　（伊豆原月絵）

第4章　博物館の分類と活動を担うスタッフ

　本章では、博物館と博物館活動を担うスタッフの実態を、文部科学省の社会教育調査のデータを中心に整理・分類・考察し、その課題などを明らかにする。我が国の博物館は、博物館法に基づかない「博物館類似施設」が多く、また学芸員が不在の博物館も一定数存在する。また学芸員の資格がなくても館長になれることなど、さまざまな課題を抱えている。

1. 設置者別分類と館種

　我が国における博物館は、博物館法により、設置者（博物館を管理・運営の主体）、目的、登録の有無の3点で、「登録博物館」「博物館指定（相当）施設」「博物館類似施設」に分類される。

　まず、「登録博物館」を設置する際、その博物館が所在する都道府県もしくは指定都市の教育委員会に、①博物館の設置者の名称および住所、②登録を受けようとする博物館の名称および住所、③そのほかの都道府県もしくは指定都市の教育委員会の定める事項を記した登録申請書を提出するところから始まる。登録申請書には、①館則の写し、②地方公共団体または地方独立行政法人のほか、博物館を運営するために必要な経済的基礎を有し、博物館の運営を担当する役員が博物館を運営するために必要な知識または経験を有し、博物館の運営を担当する役員が社会的信望を有するという要件を満たした法人であることを証する書類、③そのほか都道府県もしくは指定都市の教育委員会の定める書類を添付して提出することが求められる（博物館法第12条）。

　登録の審査にあたっては、①博物館資料の収集、保管および展示ならびに博物館資料に関する調査研究を行う体制が、博物館事業を行うために必要なものとして都道府県もしくは指定都市の教育委員会の定める基準に適合していること、②学芸員そのほかの職員の配置が、博物館事業を行うために必要なものとして都道府県の教育委員会もしくは指定都市の定める基準に適合していること、③施設及び設備が、博物館事業を行うために必要なものとして都道府県の教育委員会の定める基準に適合していること、④年間 150 日以上開館すること、が求められる（博物館法第 13 条）。なお、ここでいう博物館事業とは、博物館法第 3 条第 1 項を指している。

　登録の審査を経て「登録博物館」と認められると、都道府県もしくは指定都市の教育委員会が、①博物館の設置者の名称および住所、②博物館の名称および所在地、③登録の年月日を博物館登録原簿に記載することで、正式に「登録博物館」となる。

　なお、2023 年の改正博物館法により、いままでは地方公共団体、一般社団法人・財団法人などに限定していた博物館の設置者要件が改められ、国と独立行政法人を除く、あらゆる法人が設置する博物館が登録を受けることが可能となった（博物館法第 2 条）。また、いままでは外形的な要因のみでの判断――専門的職員としての学芸員、博物館資料、土地や建物の有無、開館日数が 150 日以上といったもの――で登録基準が存在していたが、それらの要因は、博物館としての活動の在り方を問うものではなく、必ずしも博物館活動の質の担保やその向上を促すものではなかった。しかし改正博物館法により、新しい審査基準として、資料を取り扱う体制や、学芸員を含む職員の配置、施設・設備についての新しい基準が定められた。基準の詳細は、文部科学省令を参酌して都道府県および指定都市の教育委員会が定めることとするので、外形的な要素のみならず、活動の実質的な要素が加わった。さらに、都道府県もしくは指定都市の教育委員会が登録審査を行う場合、学識経験を有する者の意見を聴かなければならないこと（第 13 条第 3 項）、登録博物館の設置者は、博物館の運営の状況について、定期的に教育委員会に対して報告しなければならないこととし

（第16条）、都道府県もしくは指定都市の教育委員会は、博物館の適正な運営を確保するために必要がある場合などにおいて報告を求めたり、勧告などを行うことができるようになった（第17～19条）。

　次に、博物館法第31条により、博物館の事業に類する事業を行う施設で、登録博物館の登録要件を満たしていない施設である「博物館指定（相当）施設」を設置する際、①指定を受けようとする施設の設置者の氏名および住所、②指定を受けようとする施設の名称および所在地、③そのほか指定を行うものが定める事項を記した申請書を作成し、国立の施設の場合、当該施設長が、独立行政法人が設置する施設であっては、当該独立行政法人の長が文部科学大臣に提出するとされている。都道府県または指定都市が設置する施設にあっては、当該施設の長（大学に付属する施設であっては、当該大学の長）が、地方独立行政法人が設置する施設にあっては、当該地方独立行政法人の長が、そのほかの施設にあっては、当該施設を設置する者（大学に付属する施設にあっては、当該大学の長）が、当該施設の所在する都道府県または指定都市の教育委員会に提出することとなる（博物館法施行規則第23条）。

　「博物館指定（相当）施設」の審査は、①登録や指定を取り消されてから2年を経過していないこと、②資料の収集、保管および展示ならびに資料に関する調査研究を行う体制が、博物館の事業に類する事業を行うために必要なものとして文部科学大臣または都道府県もしくは指定都市の教育委員会の定める基準に適合すること、③職員の配置が、博物館の事業に類する事業を行うために必要なものとして文部科学大臣または都道府県もしくは指定都市の教育委員会の定める基準に適合すること、④施設および設備が、博物館の事業に類する事業を行うために必要なものとして文部科学大臣または都道府県もしくは指定都市の教育委員会の定める基準に適合すること、⑤一般公衆の利用のために施設および設備を公開すること、⑥一年を通じて100日以上開館すること、が求められる（博物館法施行規則第24条）。また努力義務として、①博物館、ほかの指定施設、地方公共団体、学校、社会教育施設そのほかの関係機関および民間団体と相互に連携を図りながら協力をすること、②博物館およびほかの指定施設

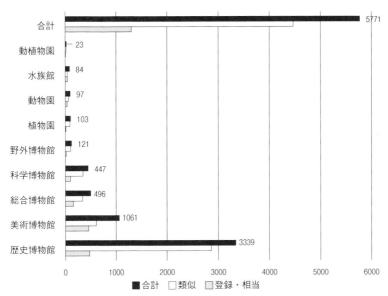

図 4.1　登録・相当・類似施設別×館種別博物館館数（実数）
（2021/10/1 文部科学省社会教育調査より）

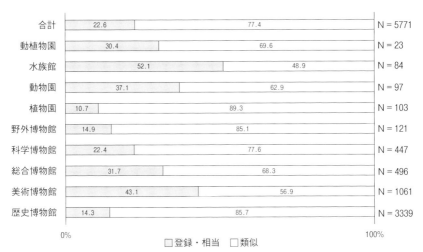

図 4.2　登録・相当・類似施設別×館種別博物館館数
（2021/10/1 文部科学省社会教育調査より）

における公開の用に供するための資料の貸出し、職員の研修の実施そのほかの博物館およびほかの指定施設の事業の充実のために必要な協力を行うことも明記されている（博物館法第 31 条 5、6）。

　2023 年の改正博物館法では、指定施設の対象となる博物館施設は国と独立行政法人が設置する施設と、それ以外のあらゆる施設（個人立も含む）となる。

　ここに明記した、「登録博物館」「博物館指定（相当）施設」の要件に該当しないのが、便宜上「博物館類似施設」と呼ばれる博物館である。博物館活動を担保するための行政からの審査を受けていないので、学芸員が不在でもよく、観光客をターゲットとした博物館が多い。

　なお、自治体か関連団体に限られていた自治体設置の「公の施設」の管理運営を民間に開放し、営利企業や NPO 法人などの団体も管理者として参入可能とした「指定管理者制度」が 2003 年 9 月より導入された。公立の登録博物館・博物館指定（相当）施設においても、この制度を用いて博物館が運営されているケースがみられる。

　次に館種について触れる。文部科学省がほぼ 3 年ごとに、社会教育行政に必要な社会教育に関する基本的事項を明らかにすることを目的とした社会教育調査を行っている。最近では、2021 年 10 月 1 日現在の調査が公開されている。そのなかで、博物館の統計データがあるので、それをもとに館種の実態を把握する。なお、これ以降の数字は、すべて 2021 年 10 月 1 日現在の文部科学省の社会教育調査の数値をもとにしている。

　我が国の博物館数（登録・相当（現在は指定としているが、調査時は改正前の博物館法が適用されていることから、以降「相当」と称する）・類似施設の合計）は、5771（登録・相当 1305、類似施設 4466）である。内訳は、図 4.1 のように、歴史博物館が 3339（登録・相当 476、類似施設 2863）、美術博物館が1061（登録・相当 457、類似施設 604）、総合博物館が 496（登録・相当 157、類似施設 339）、科学博物館が 447（登録・相当 100、類似施設 347）、野外博物館が 121（登録・相当 18、類似施設 103）、植物園が 103（登録・相当 11、類似施設 92）、動物園が 97（登録・相当 36、類似施設 61）、水族館が 84（登録・相当

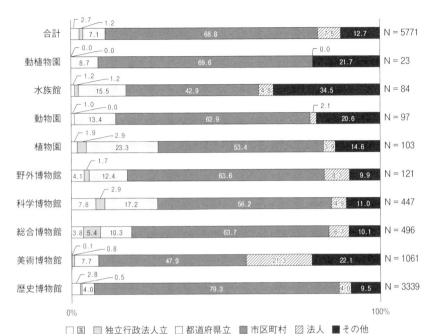

図 4.3　設置者別×館種別博物館数（2021/10/1 文部科学省社会教育調査より）

43、類似施設 41）、動植物園が 23（登録・相当 7、類似施設 16）となっている。
これを博物館法の適用を受ける登録・相当施設と、博物館法の適用を受けない
類似施設の割合別に館種をみると、図 4.2 のように、水族館を除いた館種では
類似施設の割合が大きく、特に歴史博物館、野外博物館、植物園では類似施設
の割合が 80％以上となっている。また 5771 あるすべての博物館の設置者別の
館種を見ると、図 4.3 のように、すべての館種では、市区町村が設置者である
割合が最も大きい。また美術博物館の場合、法人が設置者である割合がほかの
館種と比べて大きい。

2. 学芸員資格制度

　博物館学芸員は、博物館資料の収集、保管（育成含む）、展示および調査研究その他これと関連する事業を行う、「博物館法」に定められた、博物館における専門的職員である。

　学芸員になるための資格を修得するには、①学士の学位を有し、大学で文部科学省令の定める博物館に関する科目の単位を修得した場合、②短期大学学士の学位と同等の学士を有し、博物館に関する科目の単位を含めて 62 単位以上を修得したもので、3 年以上学芸員補の職にあったもの、③文部科学大臣が、文部科学省令で定めるところにより、上の 2 つにあげたものと同等以上の学力および経験を有すると認められたもの（学芸員資格認定を合格したもの）のいずれかに該当することが要件となる（博物館法第 5 条より）。

　学芸員養成課程を開設する大学・短期大学（部）で開講する文部科学省令の定める博物館に関する科目とは、「生涯学習概論」2 単位、「博物館概論」2 単位、「博物館経営論」2 単位、「博物館資料論」2 単位、「博物館資料保存論」2 単位、「博物館展示論」2 単位、「博物館教育論」2 単位、「博物館情報・メディア論」2 単位、「博物館実習」3 単位、合計 9 科目であり、すべての科目 19 単位を修得する必要がある（博物館法施行規則第 1 条）。

　2023 年 4 月 1 日現在、4 年制大学 286 大学、短期大学（部）5 大学で学芸員養成課程が開講されている（文化庁ホームページより）。学芸員養成課程が開講されている大学・短期大学（部）で 1 年間に輩出される学芸員有資格者数は、筆者が調べた限りでは、2008 年度に実施された「平成 20 年度大学における学芸員養成課程及び資格取得者の意識調査報告書」21 ページに掲載されているものが最新である。それによると、2005 年度（有効回答数 232 大学・短期大学（部））では 9663 名、うち博物館などへの就職者数は 151 名、2006 年度（有効回答数 236 大学・短期大学（部））では 9451 名、うち博物館などへの就職者数は 144 名、2007 年度（有効回答数 235 大学・短期大学（部））では 8588 名、う

ち博物館などへの就職者数は112名となっている。

　上記の③にあたるものが、文部科学省で行う資格認定に合格する方法である。資格認定には、学芸員となる資格を有する者と同等以上の学力および経験を有していることを認定するため、文部科学大臣が少なくとも2年に1回、筆記試験（「生涯学習概論」「博物館概論」「博物館経営論」「博物館資料論」「博物館資料保存論」「博物館展示論」「博物館教育論」「博物館情報・メディア論」計8科目）を行う。筆記試験合格者が合格後1年間博物館資料関係実務を行い、文部科学大臣に認定されることにより、合格証書が授与され、学芸員となる資格を有することとなる「試験認定」がある（博物館法施行規則第6条）。

　それとは別に、学芸員となる資格を有する者と同等以上の学力および経験を有していることを認定するため、「博物館に関する『学識』及び『業績』」（博物館に関する著書、論文、報告、展示、講演、そのほかの実務経験など）を書類審査の方法で審査し、書類審査の結果、書類内容などを確認するため、必要に応じて面接を行った結果、審査に合格した者には合格証書が授与され、学芸員となる資格を有することとなる「審査認定」もある。

　2017年度から2019年度に実施された「試験認定」および「審査認定」による合格者は、「令和元年度博物館の機能強化に関する調査報告書概要」がホームページ上で公開されている[(2)]。それによると、「試験認定」では、2017年度の出願者数92名、合格者40名（合格率43.5％）、2018年度の出願者数107名、合格者82名（合格率76.6％）、2019年度の出願者数109名、合格者86名（合格率78.9％）となっている。「審査認定」では、2017年度の出願者数54名、合格者21名（合格率38.9％）、2018年度の出願者数40名、合格者22名（合格率55.0％）、2019年度の出願者数44名、合格者19名（合格率43.2％）である。

　以上より、学芸員の資格を修得した者は、圧倒的に大学・短期大学（部）で開設されている学芸員養成課程に在籍し、単位を修得しかつ卒業（＝学士）する方法で修得していることがわかる。

　2023年3月31日までの旧博物館法施行規則には、先に記した8科目の試験科目のほかに、学芸員の学問上の専門性を担保するために、選択科目として

「文化史」「美術史」「考古学」「民俗学」「自然科学史」「物理」「化学」「生物学」「地学」のうち、2 科目を受験し、合格する必要があった。しかし改正博物館法施行規則（2023 年 4 月 1 日から）では、選択科目は削除されている。その理由として、受講者は「大学又は短期大学に相当する教育施設で文化史や自然科学史に関連する教養科目を修めており、受験者への過重な負担を軽減する観点から（中略）廃止することとしました」（「博物館法施行規則の一部を改正する省令案に関するパブリックコメント（意見公募手続）の結果について」より抜粋）とある。

　大学・短期大学（部）の博物館に関する科目を担当する教員について、筆者の調べ⁽³⁾によると、9 科目のすべてを非常勤講師にゆだねている大学や、学芸員養成課程専任の教員一人ですべての科目を担当する大学もあり、学芸員養成課程を開講する教育機関により大きな違いがみられる。また、とある大学のシラバスには「博物館展示論」の授業内容として、「ルネサンスの再検証とブンダーカンマーの誕生」「シュールレアリストたちによるブンダーカンマー再発見」といった内容が記され、学芸員資格取得のための「博物館展示論」の授業内容とは大きく逸脱するようなものもある。学芸員は国家資格であるため、授業内容によって学習内容の差がでるのは好ましくはない。少なくとも、博物館に関する科目の最低限の授業内容を統一するなど、大学間の格差を是正することが求められる。

3.　学芸員の役割

　博物館法第 2 条によると、博物館は、「歴史、芸術、民俗、産業、自然科学等に関する資料を収集し、保管（育成を含む、以下同じ）し、展示して教育的配慮の下に一般公衆の利用に供し、その教養、調査研究、レクリエーション等に資するために必要な事業を行い、併せてこれらの資料に関する調査研究をすることを目的とする」とあり、そのために同第 3 条では、以下のように記されている。

第三条　博物館は、前条第一項に規定する目的を達成するため、おおむね次に掲げる事業を行う。

一　実物、標本、模写、模型、文献、図表、写真、フィルム、レコード等の博物館資料を豊富に収集し、保管し、及び展示すること。

二　分館を設置し、又は博物館資料を当該博物館外で展示すること。

三　博物館資料に係る電磁的記録を作成し、公開すること。

四　一般公衆に対して、博物館資料の利用に関し必要な説明、助言、指導等を行い、又は研究室、実験室、工作室、図書室等を設置してこれを利用させること。

五　博物館資料に関する専門的、技術的な調査研究を行うこと。

六　博物館資料の保管及び展示等に関する技術的研究を行うこと。

七　博物館資料に関する案内書、解説書、目録、図録、年報、調査研究の報告書等を作成し、及び頒布すること。

八　博物館資料に関する講演会、講習会、映写会、研究会等を主催し、及びその開催を援助すること。

九　当該博物館の所在地又はその周辺にある文化財保護法（昭和二十五年法律第二百十四号）の適用を受ける文化財について、解説書又は目録を作成する等一般公衆の当該文化財の利用の便を図ること。

十　社会教育における学習の機会を利用して行つた学習の成果を活用して行う教育活動その他の活動の機会を提供し、及びその提供を奨励すること。

十一　学芸員その他の博物館の事業に従事する人材の養成及び研修を行うこと。

十二　学校、図書館、研究所、公民館等の教育、学術又は文化に関する諸施設と協力し、その活動を援助すること。

　また、同3条2では、ほかの博物館、指定施設、類似施設との間において、資料の相互貸借、職員の交流、刊行物および情報の交換そのほかの活動を通じ、相互に連携を図りながら協力するよう努めること、同3条3では、地方公共団体、学校、社会教育施設そのほかの関係機関及び民間団体と相互に連携を図りながら協力し、「当該博物館が所在する地域における教育、学術及び文化の振興、文化観光、その他の活動の推進を図り、地域の活力の向上に寄与するよう努めること」ともある。このなかで、カギでくくった部分は、改正博物館法で新たに加わったものである。

　加えて、同4条の3には「博物館に、専門的職員として学芸員を置く」、同4条4には「学芸員は、博物館資料の収集、保管、展示及び調査研究その他これと関連する事業についての専門的事項をつかさどる」とあるように、学芸員の役割としては上記した専門的事項を担うことが求められている。

　すなわち、歴史、芸術、民俗、産業、自然科学など、多種多様な博物館資料に関連する専門領域の専門家であると同時に、それらの資料を収集、整理・保存、調査・研究、展示・教育といった博物館の基本的な活動を行い、博物館の設置目的（ミッション）に沿った博物館資料によるコレクションづくりに携わるために求められる知見をもった者が学芸員である。さらに、博物館の基本的な活動の成果を、地域社会や社会教育施設など、博物館とかかわる多種多様なステークホルダー（利害関係者）を結びつけ、博物館が立地する地域の活力を高める役割も学芸員が担うことになる。

　大学・短期大学（部）で展開する学芸員養成教育の内容では、博物館法に明記されている博物館の業務と、その業務を担う学芸員に求められる能力を養成することが難しいことが見て取れる。特に、改正博物館法で明記された、地域の活力の向上に資するための諸活動を実践するためには、それ相応の専門科目――例えば「地域社会と博物館」「地域開発とミュージアム」といった――を学び、具体的に地域の活力の向上に資する活動を行っている博物館での実習などを通して学ぶことが求められるが、現在のところ、そのような専門科目の追加や、地域の活力の向上に資する博物館の実態の把握には至っていない。これらの内容を養成教育で展開できる研究業績や知見を持ち合わせた教員も多くなく、地域の活力の向上に資する活動を行っている学芸員の研究成果もほとんどないなかで、今後の大きな課題となるであろう。

　2021年10月1日現在の文部科学省の社会教育調査によると、博物館法に基づく博物館として認められている登録・相当施設1305館のうち、学芸員が不在の館が420、学芸員が1名の館も266である。すなわち、博物館法などでは、博物館の専門的職員として学芸員を配置することが明記されているにもかかわらず、実に半数以上の博物館は学芸員の配置ができていない、またはできてい

たとしても一人ですべてをこなさなければならないという状況である（図4.4）。また、博物館法の適用を受けないものの、博物館と同様の事業を行う博物館類似施設に至っては、4466館中学芸員が不在の博物館は3839となっており、学芸員の雇用が拡充されていない。なお、同社会教育調査では、登録・相当施設で専任の学芸員として勤務する者は3455名、1館あたり平均約2.64名の学芸員が、類似施設で専任の学芸員として勤務

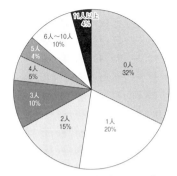

図4.4　登録・相当施設の1館あたりの学芸員数（N＝1305）（2021/10/1文部科学省社会教育調査より）

する者は1281名、1館あたり平均約0.28名の学芸員が勤務していることになる。

　これらを通して、学芸員有資格者は増える一方であるものの、専任の博物館学芸員として勤務できる者はきわめて限られているということ、専任の学芸員として任用されたものが皆無もしくは1名程度で博物館を経営している博物館が多いという現実が見てとれる。文化芸術基本法や博物館法に基づけば、このような状況は危機的なものであり、多くの人材が専任の学芸員として博物館に採用されること、また学芸員の資格を活かしたキャリアパスの拡充が喫緊の課題といえよう。

4. 館長・各スタッフの役割

　博物館法第4条に、「博物館に、館長を置く」、同4条2に、「館長は、館務を掌理し、所属職員を監督して、博物館の任務の達成に努める」と明記されている。また、同4条5に、「博物館に、館長及び学芸員のほか、学芸員補その他の職員を置くことができる」、同4条6に、「学芸員補は、学芸員の職務を助ける」とある。

　このことから、学芸員以外にも、館長および学芸員補、そのほかの職員を置くことができることがわかる。このなかで、「学芸員の職務を助ける」と位置づけられている学芸員補とは、同6条で①短期大学士の学位を有する者で、博物館に関する科目の単位を修得した者、②①に掲げるものと同等以上の学力及び経験を有する者として文部科学省令で定める者が学芸員補となる資格を有する、としている。すなわち、短期大学（部）で開講されている文部科学省令の定める博物館に関する科目（「生涯学習概論」2単位、「博物館概論」2単位、「博物館経営論」2単位、「博物館資料論」2単位、「博物館資料保存論」2単位、「博物館展示論」2単位、「博物館教育論」2単位、「博物館情報・メディア論」2単位、「博物館実習」3単位、合計9科目であり、19単位）を履修し、卒業することで、学芸員補の資格を有することができる。なお、改正前の博物館法第6条には、大学に入学することのできる者は、学芸員補となる資格を有するとあったことから、改正後の博物館法において学芸員補の資格をもつことは、博物館に関する科目を履修し、その理解が伴うものという証になる。

　館長に関しては、博物館法第4条に明記されているように、学芸員資格をもたなくてもなれる。博物館業務を経験せず、博物館経営にかかわることがなくても館長となることができるのである。そうなった場合、資金や人材など、適材適所に配置できるかどうか、疑問が残る。

　それ以外にも「その他の職員を置くことができる」とある。博物館は、学芸員や館長だけでは経営できない。博物館の活動を支えるためには、館長を頂点として、総務・経理等の事務系職員が必要である。例えば、インターネット上で公開されている独立行政法人国立科学博物館事務職員採用試験の要項をみると、業務内容として、①経営管理業務（総務・法規、人事・労務、情報サービス、財務企画、経理、契約、監査、研究支援、広報、法人評価などの事務）、②展示関連業務（常設展、特別展、企画展、来館者サービス、ボランティア活動などの事務）、③学習支援業務（「コンパス」運営、サイエンスコミュニケーター養成実践講座事業、スクールプログラムなどの事務）、④連携推進業務（地域博物館など連携事業、企業・地域との連携事業、博物館連携事業などの

事務)、そのほか独立行政法人国立科学博物館にかかわる事務全般、としている⁽⁴⁾。この内容から、①のような通常の会社組織の事務業務をこなす能力のほかにも、博物館活動を持続させ、支援するための業務を担えるスタッフが求められていることがわかる。

なお、博物館法第7条では、文部科学大臣および都道府県の教育委員会は、館長、学芸員および学芸員補そのほかの職員に対し、その資質の向上のために必要な研修を行うよう努めるものとする、と明記されている。博物館を設置する国や地方公共団体の責任において、大学の博物館学を研究する教員の研究成果をもとにした研修プログラムの作成・実施が求められる。

このほかにも、博物館の受付（入り口に待機し、来館者からの入館料徴収や館内案内業務を担う職員）、展示場の監視、ミュージアムショップやレストランの業務にあたる職員、展示室や収蔵庫などの温湿度（空調）管理、防火・消防設備管理を担当する職員、警備業務を担当する職員など、広範囲に及ぶ。なお、ここにあげた職員の多くは、博物館専任のスタッフではなく、外部委託された職員である場合が多い。しかし外部委託された職員であったとしても、博物館経営や博物館のミッションの共通認識、館長・学芸員・職員相互の協力体制・連携の必要性を理解しておくことが必要不可欠である。

2021年10月1日現在の文部科学省の社会教育調査によると、登録・相当施設1305館において、専任職員、兼任職員、非常勤職員、指定管理者の職員がまとめられている。それによると、専任職員は10248名（うち館長548名、学芸員3455名、学芸員補331名、そのほかの職員5914名）、兼任職員は1415名（うち館長334名、学芸員411名、学芸員補20名、そのほかの職員650名）、非常勤職員は6545名（うち館長274名、学芸員669名、学芸員補262名、そのほかの職員5340名）、指定管理者職員⁽⁵⁾は4399名（うち館長157名、学芸員815名、学芸員補96名、そのほかの職員3331名）、合計22607名（うち館長1313名、学芸員5350名、学芸員補709名、そのほかの職員15235名）が博物館に勤務していることとなっている。職員の種類と専任・兼任・非常勤・指定管理者別でみると（図4.5）、専任の学芸員は60％以上となっているものの、館長・学

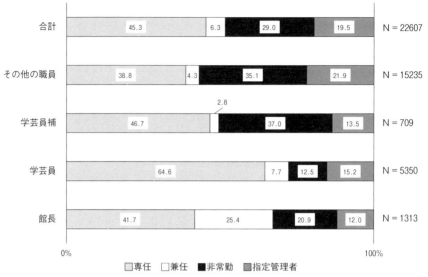

図 4.5　職員の種類と専任・兼任・非常勤・指定管理者別割合
（2021/10/1 文部科学省社会教育調査より）

芸員補・そのほかの職員で専任の割合は半数を切っている。また、学芸員補や
そのほかの職員の場合、非常勤の割合が多く、安定した雇用には至っていない
と考えられる。

　公立博物館では、博物館法第 23 条にあるように、博物館の運営に関し館長
の諮問に応ずるとともに、館長に対して意見を述べる機関としての博物館協議
会がある。適正な博物館経営を行うために、博物館資料や博物館学に関する分
野の有識者や地元代表者、一般公募で選ばれた利用者行政関係者を含めた委員
で構成される。そこでは、それぞれの立場で博物館の改善を意識した議論が行
われ、博物館のよりよい経営のためのさまざまな提言などを行っている。

　最後に、ボランティア、学芸員資格取得のために必須となっている博物館実
習生の受け入れ・指導も、博物館経営のために、そして生涯学習社会を達成す
るための社会教育機関としての博物館の役割を達成するために、重要な役割を
担っている。

　教育基本法第3条では、豊かな人生を送ることができるよう、その生涯にわたって、あらゆる機会に、あらゆる場所において学修することができ、その成果を適切に活かすことのできる社会の実現が図らなければならない、と明記され、博物館法第3条10では、社会教育における学習の機会を利用して行った学習の成果を活用して行う教育活動そのほかの活動の機会を提供し、およびその提供を推奨すること、同3条11では、学芸員そのほかの博物館の事業に従事する人材の養成および研修を行うこと、が明記されている。

　従来の博物館は、学芸員それぞれの専門知識により、資料に内在するさまざまな情報が顕在化され、その価値を展示を通して人びとに働きかけていく業務——展示・教育活動——を担っており、それを利用者は一方的に受け入れるという構造が一般的であった。しかし、学芸員の研究成果を一方的に受け取るといった客体的な存在としての利用者ではなく、利用者のさまざまな学びのニーズを学芸員が汲み取り、学芸員とともに資料に内在するさまざまな情報を顕在化し、展示や教育活動に反映していく、利用者が主体的に博物館活動にかかわっていくという活動が散見できるようになった。つまり、今までは学芸員が独占していた博物館の業務を、学芸員とともに利用者がその業務を担うことで、利用者の生涯学習を支援する活動である。利用者が博物館を通して、豊かな人生を送ることができることの手助け——単に自己実現を図る以外にも、地域に内在するさまざまな課題を把握し、その改善策を行政などに提案するといった活動——を行う役割を博物館が担うようになってきている。

　利用者という観点では、博物館実習生も同様である。博物館実習生は、大学・短期大学（部）で社会教育機関としての博物館の役割と、それを具現化するための博物館の各論を学んだうえで博物館実習に臨んでいるのが一般的である。座学で学んだことを、博物館実習先で再認識することで、社会にとっての博物館の役割は何かを理解できる立場である。

　前述したように、学芸員資格を取得したとしても、博物館学芸員に就くことは容易ではない。しかし、博物館実習を通して、身をもって博物館や学芸員の役割についての理解を深めた博物館実習生が、それぞれのキャリア・社会のな

かで活躍することで、社会全体が博物館や学芸員の役割についての理解を深化
させることができるのではないだろうか。2023年1月、東京国立博物館の館長
が光熱費不足により資金不足になり、経営上大きな支障をきたしかねない状況
であることを週刊誌に寄稿し、2023年8月に、国立科学博物館が空調費の維持
のためにクラウドファンディングを実施した。このようなこともなくなる日が
来ることを信じたい。

註

（1）令和3年度社会教育調査の手引き（博物館調査用）の5ページによると、博物館
　　の分類は以下のようになっており、複数に該当する場合は、事業内容などにより主
　　たる種別を一つ選択するように指示されている。
　　　総合博物館：人文科学および自然科学に関する資料を収集・保管・展示する。
　　　科学博物館：主として自然科学に関する資料を収集・保管・展示する。
　　　歴史博物館：主として歴史および民俗に関する資料を収集・保管・展示する。
　　　美術博物館：主として美術に関する資料を収集・保管・展示する。
　　　野外博物館：戸外の自然の景観および家屋等の形態を展示する。
　　　動物園：主として動物を育成して、その生態を展示する。
　　　植物園：主として植物を育成して、その生態を展示する。
　　　動植物園：動物・植物を育成して、その生態を展示する。
　　　水族館：主として魚類を育成して、その生態を展示する。
（2）以下の URL 参照（2023年8月18日閲覧）。
　　https://www.bunka.go.jp/seisaku/bunkashingikai/hakubutsukan/hakubutsukan
　　01/03/pdf/92613001_02.pdf
（3）江水是仁 2023「全国大学博物館学講座協議会第13回実態調査の分析―「博物館に
　　関する科目」を担当する教員の実態」『全博協研究紀要第25号』。
（4）以下の URL 参照（2023年8月18日閲覧）。
　　https://www.kahaku.go.jp/disclosure/adoption/desk_duty2022.html
（5）指定管理者とは、「公の施設」の管理運営を行う民間事業者や NPO 法人などを
　　「指定管理者」として指定することにより、民間のノウハウを活用しつつ、サービス
　　の向上と経費の節減などを図ることを目的とした制度。博物館も公の施設であり、
　　一部の博物館では指定管理者制度が導入されている。

（江水是仁）

第 II 部

博物館における資料の形成と活用

第5章　博物館資料とその収集

　資料の収集とコレクションの形成は博物館の基幹となる重要な機能である。ここでは収集の方針に則って、資料を集めて整理するドキュメンテーションの重要性、博物館の資料として登録される方法と手順を概観する。また英国のコレクション・ポリシーを参照しつつ、日本の博物館が抱える資料の収集と整理の課題についても言及する。

1.　博物館資料の概念

　博物館資料といっても、日本では館によって呼び方が異なる。例えば、歴史博物館では資料または史料、美術館では作品、作品や作家にまつわる関係文書類を資料、自然史博物館では標本、標本に付随する関連資料など、館種によって厳密にいえば「資料」の範疇が変わる。本章ではそれらを総称して「資料」と呼ぶことにする。博物館に収蔵され、登録されている「もの」を幅ひろく含む概念として「資料」と表記して以下、話を進めていきたい。

　2022年8月に開催されたICOM（国際博物館会議）プラハ大会において、新しい博物館定義が採択された。その最初の一文で、博物館が扱う資料について言及している。「博物館は、有形及び無形の遺産を研究、収集、保存、解釈、展示する、社会のための非営利の常設機関である」。ICOMは全世界の数多ある博物館が対象なので、「有形・無形の遺産」という、本章でいう資料の範疇はひろく設定してある。

　1998年に英国博物館協会（Museums Association UK）が採択した博物館の

定義に「コレクションの探求」と「社会から付託された資料の収集」という文言が入っている。「博物館はコレクションを探求することで、インスピレーションを得て、学び、そして楽しませることができる施設である。博物館は社会によって付託された資料を収集、保護、そして利用できるようにする施設である」(筆者訳) と記されている。

　ここで「資料」と意訳したが、原文は「artefacts and specimens」となっている。英語の「artefact」は博物館資料の一つであり、欧米では「資料」という意味でよく使われる単語だ。辞書を引くと「artefact」は、①自然の物に対する人工の物、例えば道具・武器・工芸品など、②考古の人工遺物、過去の人間の営み・わざを示す日常品、③現代社会・大衆社会の所産、大量生産品とある。

　一方の「specimen」は 17 世紀初頭のラテン語の「見本」から生じた言葉であり、生物のホルマリン標本、動植物、岩石や鉱物、医学関係の標本もここに含まれる。おもに自然史博物館が保管する標本のことを意味する単語として使われる。ダーウィンが収集して英国ロンドン・サウスケンジントンにある自然史博物館に保管されている動植物のサンプル標本などもこの範疇に入る。英国の資料は、要約すると人工物と自然物ということになる。英国の定義には、歴史資料を扱う博物館と同様に、芸術作品を扱うアート・ギャラリーも含まれている。

　米国博物館連盟 (American Alliance of Museums) が 1993 年に採択し、2000年に改正した倫理規定 (Code of Ethics) に記載された博物館と資料の定義は次のとおりである。「博物館は世の中のあらゆるものを収集、保存、解釈することで社会に対して独自の貢献を果たしている。歴史的に博物館は、自然のもの (natural objects)、命あるもの無いもの (living and nonliving)、人類が作りあげたあらゆる種類のもの (all manner of human artifacts) を、知識の増進、人類の精神を養うために、所蔵し利用してきた。……(中略) 博物館の使命は資料を収集、保存、そして所蔵する資料を展示し、教育普及のために利用するだけではなく、他館から借用し、目的を達成するためには製作することも含む」(筆者訳) とある。

　単に博物館資料を所蔵するだけではなく、他館から借用した資料で構成するた展示を実施したり、資料の複製を作ったり、資料をもとに模型を作ることも重要な使命のなかに位置づけられている。米国の博物館が扱う範囲は美術史、自然史、水族館、樹木園、アートセンター、植物園、子ども博物館、史跡、自然観察センター、プラネタリウム、科学技術センター、そして動物園と幅広く、資料を収集しコレクションを形成している館のほか、収集は行わずに展示に特化した施設も米国では博物館の範疇になっている。

　日本の博物館と資料について、根拠法令である博物館法を参照すると、第2条でその定義が記載されている。「歴史、芸術、民俗、産業、自然科学等に関する資料を収集し、保管（育成を含む。以下同じ。）し、展示して教育的配慮の下に一般公衆の利用に供し、その教養、調査研究、レクリエーション等に資するために必要な事業を行い、併せてこれらの資料に関する調査研究をすることを目的とする機関」。博物館の教科書には必ず引用される箇所だが、より広範なものを資料の範疇としている ICOM や英米に比べ「歴史、芸術、民俗、産業、自然科学等」と、収集する資料の具体的な分野が列記されている。さらに「博物館が収集し、保管し、又は展示する資料（電磁的記録）」とあるとおり、デジタル媒体も収集対象として明示されているのが日本の特徴になっている。

2.　資料の収集方針

　この世に存在する森羅万象を「もの」として物理的に博物館の限られた収蔵庫で残すことはできない。残念ながら収蔵庫の容量には限りがある。日本では博物館の収蔵庫が満杯で入りきらない、または9割以上が満杯の割合が57.2%となっている。7割以上9割未満を合わせると76.3%となっており（（公財）日本博物館協会 2020）、増え続ける資料の保管場所の確保は、喫緊の課題となっている。博物館の設置目的や使命に基づき、多くの館では収集する対象を定めた方針がある。収集方針は収集する時代、地域を定め、館によっては重点的に集めたい作品・作家を特定している場合もある。多くは限定的な書き方をせ

ず、間口をひろめに設定している。

　例えば、東京都江戸東京博物館の「東京都江戸東京博物館資料収集具体的方針（平成 17 年付議）」をみると、博物館が収集対象とする資料を、「歴史、生活・民俗、文化・芸術、その他江戸東京に関する資料」として、広範な分野にまたがっていることがわかる。収集すべき時代は、近世初期から現在まで、必要に応じて中世以前または未来に関する資料も収集するとあり、時代の幅もかなりひろく設定してある。近現代資料については、評価が定まる 20 年前のものを対象として、歴史的建造物については 50 年前という制限を課す。収集地域も原則都域としながら、関連性がある場合は都外、必要があれば、世界的視野も範疇に入る。

　次に、英国最古の公立博物館で 1683 年に開館したオックスフォード大学アシュモリアン博物館をみていこう。アシュモリアン博物館のコレクション・ポリシー（Collections Policy）は日本のそれと大きく異なる。日本のコレクション・ポリシーといえば、東京都の博物館のように、いわゆる収集方針と矮小化されて理解されがちだが、英国のコレクション・ポリシーは日本のそれと異なり扱う範囲が広い。

　また、英国のコレクション・トラスト（Collections Trust）が発行したコレクション管理の基準を定めたスペクトラム（Spectrum）に基づいて、英国のコレクション方針は作られている。その内容は単なる資料の収集方針ではなく、資料の取得から、資料の登録方法や管理手順、資料の公開方針、資料の借用・貸出方針と手続き、資料の登録解除と処分といったように、資料が博物館に入ってから出ていくまでの、包括的な方針と手続きを具体的に列記したものになっている（金山 2023）。紙幅の都合上、すべてを詳細に紹介することはできないが、アシュモリアン博物館のコレクション方針のおもな大項目だけ以下に列挙しておく。

　①序、博物館の目的と概要、コレクションの範囲（Introduction, General Statement of Museum Purpose and Scope of Collections）、②コレクションの解説と評価（Description and Evaluation of the Collection）、③コレクションの

取得方針（Acquisitions Policy）、④コレクションの損失、除籍および処分方針（Collections Loss, Deaccession and Disposal Policies）、⑤コレクション・ドキュメンテーション方針（Collections Documentation Policy）、⑥健康と安全方針（Health and Safety Policy）、⑦保安（Security）、⑧コレクションの閲覧と閲覧室（Reserve Collections and Study Rooms）、⑨遺骨の取り扱い方針（Human Remains Policy）、⑩複製と写真撮影の方針（Reproduction and Photography Policies）、⑪問い合わせに対する回答方針（Enquiry Management）⑫同定サービス（Identification Service）：ただし値段をつけるなどの評価はしない、⑬コレクションの借用・貸出に関する方針と手続き（Registrarial Policies and Procedures）。

　アシュモリアン博物館のように収集方針やその手順の整備と公開が前提になるが、資料の取捨選択は日英米ともに学芸員によって行われる。つまり、学芸員の慧眼が問われるのである。まず学芸員が選択しなければ博物館資料にならないのである。学芸員には①先見性を備えた感受性と審美眼、②数多あるもののなかから見分ける嗅覚、③国内外の市場でしのぎを削りながら、鮮度の高い情報を得る能力、④コレクターから信頼される人柄、⑤価値判断ができる専門性と経験、が必要とされる。すべてを兼ね備えることは難しいが、学芸員に課せられる期待と能力は高い。

3.　資料を収集する意味

　幕末維新の世情が混迷を極めていた時代に、廃仏毀釈により多くの文物（今でいう文化財）が破壊または売りに出された反省から、現代の我々は何を学ぶことができるだろうか。価値がないと判断され、売りに出された仏像を大倉喜八郎は蒐集し、それらはいま大倉集古館に収められている。いわゆる廃刀令が原因で、二束三文で市場に出た刀を岩崎彌之助は購入し、現在は静嘉堂文庫美術館に引き継がれている。いまの流行を追うのではなく、未来に残すべき価値を見出すのは容易ではない。学芸員であれば、本質を見極めつつ、新しい感覚

も取り入れなければならない。繰り返しになるが、森羅万象すべてのものを収集することはできない。なぜなら収蔵庫には限りがあるからである。

　デジタル化して詳細な情報を残せば、物体として資料を残す必要はないという意見もある。博物館がすべてを救えないのであれば、デジタルで残す選択肢もある。形あるものは、未来永劫に完璧な形で残すことは難しい。どんなに保存環境を徹底したところで、少しずつ劣化は進む。さらに火災、震災、戦災など自然災害や人災によって完全に焼失してしまうかもしれない。実際、地震大国であり戦禍を経験した日本では、資料は儚くもろい。資料とともにデジタルでも残す算段をしなければならない。

　根津嘉一郎は骨董好きが高じて博物館に通うことが趣味になり、出張先で仕事の用事を忘れて博物館の展示品を見ることに没頭した。その結果、「もの」を見る目が養えたという。デジタルだけ見ていたのでは、知識は増えても、「もの」の善し悪しがわかるようには決してならなかっただろう。そういう意味でも、資料を情報だけではなく、「もの」として残す意味は少なからずある。根津嘉一郎が集めた個人コレクションは現在根津美術館が所蔵し、一般に公開されている。我々も、彼のお眼鏡にかない、集められたコレクションを、1か所でまとまった形で鑑賞することができる。根津もまた失われゆく東洋の文物に危機感を感じ、積極的に収集した。時代に流されない収集対象の選定や、独自の審美眼が彼にもあったのだ。

　人が生きた証を資料として残すことで、時代を超えて過去との対話が可能になる。実態はどうだったのか、新たな解釈ができるのではないかなど、多様な意見、見解を後世の人が判断できるようにしておくことが、今を生きる我々の使命であろう。

　南方熊楠は大英博物館に毎日のように通い、収蔵されている古今東西の万巻の書を読みふけり、博覧強記の人となった。彼は大英博物館だけではなく、サウスケンジントン博物館（現ヴィクトリア・アンド・アルバート博物館）、自然史博物館にも通い、そこで渉猟した文献から抜き書き筆写したノート「ロンドン抜書」52冊が南方熊楠記念館に残されている。博物館に触発されて新たな

ものが生み出され、それがまた博物館に収集されていく。

　博物館がものを収集する意味は多様で断定するのは難しい。知の集約と体系化ということがひとつ重要な要素であるとするならば、残された資料を読み解くことで、新たな解釈が生まれ、そこから何か新しいものが生まれ、それがまた蓄積される。知の集積が織りなす創造の倉が収蔵庫であり、それは「共有地」と呼べる。そこに集積した資料は「共有知」で、しかも誰もが利用可能な「共有財」でもある。

4.　収集の方法

（1）寄贈

　博物館が資料を収集する方法のなかで、最も一般的なのが寄贈である。資料を所有している個人または法人が、無償で博物館に譲渡するのが寄贈である。法的には所有権の博物館への移転を意味する。

　実際の寄贈は、電話や手紙、海外からはメールで打診がある。時には資料を持ってアポイントメントなしで、博物館に持ち込まれることもある。それは、①代々家に伝わってきた伝世品、②コレクターの蒐集品、③家族の遺品、④日常生活で使っていた生活品、などがあげられる。寄贈で一番多いのは②長年コレクションしてきた資料の寄贈である。

　2017年島根県立美術館に、同県津和野町出身で浮世絵研究家である永田生慈が10代半ばから蒐集を開始した葛飾北斎を中心とするコレクション2398件が寄贈され話題になった（毎日新聞2017年8月23日）。自身の縁のある地にコレクションを寄贈することはよくある。よくあることだが、そう簡単なことではない。

　2018年（平成30）福富太郎のコレクションの一部96点が一括で東京都現代美術館に寄贈された。ご遺族の意向で寄贈が決まったが、寄贈の受け入れを担当した学芸員の力量が発揮されたことは想像に難くない。

　静岡市（旧清水市）出身のコレクターで早稲田大学教授であった太田正樹は、

2008 年度から毎年数点ずつ自身のコレクションを静岡県立美術館に寄贈した。寄贈は約 18 年間で 106 点に及んだ（『美術手帖』2023 年 4 月 21 日）。あの美術館のこの学芸員なら安心して作品を委ねられるという、学芸員とコレクターの信頼関係が根底にある。展示や研究で活用してくれるという確信がなければ、長年愛着を持って集めてきたコレクションを簡単には手放せない。

（2）購入

　資料の購入予算は年々減少している。予算がない、または予算が 100 万円未満という館の合計は、2019 年（令和元）に 83％という驚愕の数値が算出されている（（公財）日本博物館協会 2020）。一概に比較できないが、図書館が新刊本を購入できない状況を想像してみてほしい。

　博物館が資料を購入する方法として、おもに次の 3 つがあげられる。①単年度の購入予算：毎年度の査定があるため、いつ減額されるかわからない。次年度はゼロになる可能性もある。単年度で使い切らなくてはならず、原則、翌年度に繰り越すなど積み立てはできない。②基金：単年度の執行ではないため、積み立てたお金で購入することも、次年度以降に繰り越すことも可能。ただし、使えば減るので、補填はしなければならない。③寄付：購入資金を募る方法と、使途目的を指定しない寄付金をあてる方法がある。

　近年は寄付のなかでも、ふるさと納税やクラウドファンディングが注目されている。備前長船刀剣博物館が、国宝の刀を購入する資金をふるさと納税で集めた「山鳥毛里帰りプロジェクト」（2018〜20 年）が話題になった。刀の購入金額 5 億円、博物館の施設整備費用約 1300 万円の目標に対して、約 8 億 8000 万円（目標達成率 125.5％）を集めた。購入ではないが、「地球の宝を守れ　国立科学博物館 500 万点のコレクションを次世代へ」プロジェクトを READY-FOR と実施した国立科学博物館は、目標額 1 億円に対し約 9 億 1600 万円を集め、国内クラウドファンディング史上最高額を更新した。

　ただし、注意が必要なのは、クラウドファンディングで資金調達に成功した場合、次に実施する際も寄付金に頼らざる得ない可能性が高くなることにな

る。また、目標金額に到達せずに失敗した場合、購入は不調に終わってしまう。さらに、成功実績があると、国や自治体からの購入予算がつきにくくなることも想定される。そのため、クラウドファンディングを実施するにあたっては、外部資金の調達に成功したため、本体の予算が減額またはゼロになるというリスクがあることも念頭に置く必要がある。多様な資金調達の方法を確保することは大切だが、それだけに頼るのは危険だ。

　公立館の購入予算はジリ貧の状態だが、2019 年には私立の美術館が世界的コレクターから大量の美術作品を購入し話題となった。アメリカの日本美術コレクター・エツコ＆ジョー・プライス夫妻（プライス財団）によるコレクションの一部 190 点を出光美術館が取得したのである。夫妻は高齢を理由にコレクションを日本に戻すことを希望していた。美術品オークションハウスの老舗クリスティーズを通じて出光美術館は作品を入手している。

（3）採集

　寄贈や購入に寄らず、自ら集めに行く能動的な行為が採集である。例えば、東京オリンピック開催決定の号外を駅で採集する、または新型コロナウィルス感染拡大の世相を表すポスターやチラシ、看板、マスクを街中で採集する、などが考えられる。吹田市立博物館では新型コロナウイルス感染症に関する資料の収集を行い、展示も行っている。収集した資料を公開することで、新たな収集（寄贈）を促すことにつながり、コレクション形成の好循環が期待される。

　大量生産・大量消費の時代、資料は瞬く間に姿を消す。つまり、集めたいと思った時にはすでにものがなくなっていることが多い。大量に作られたものと情報をセットにして、同時代史を写す鏡として採集することも博物館の機能のひとつとして重要である。ただし、ここでも博物館の収集方針に則って、それが方針に合致しているか否かを見極めることが大切である。「もの」の価値を見出す嗅覚は学芸員にとって必要な能力のひとつでもあるし、将来を見通した先見性も求められる。どのような「もの」を集めるべきかという具体的な選定は、博物館の収集方針だけではなく学芸員のセンスも問われる。そこで、不易

流行の感覚を常にもち、収集の基本方針を堅持しつつも、今日性を意識した新しい世の中の動きに敏感になることが学芸員には問われる。

5. 資料整理

（1）調査

　寄贈されるにしても購入するにしても調査は欠かせない。電話や手紙またはメールの画像だけでは資料の価値や作品の善し悪しは判断できない。真贋の鑑定は容易ではないが、実見することを怠ってはいけない。写真ではわからない質感や写っていない箇所に思わぬ発見があったりする。言葉で的確に表現することは難しいが、資料が放つアウラもある。

　実地調査に赴く際はできるだけ2人組で行くことを推奨する。第1にトラブル回避のため。寄贈または購入する場合、細かな条件について「言った言わない」の水掛け論を避けるため、1人で訪問しない方がよい。

　第2に2人で調査する利点は、調査をする際1人が話を聞きつつ、もう1人が記録を取ることができることにある。計測や写真撮影も2人で分担した方がスムーズに運ぶ。調査に行くと、当初聞いていた物量より点数が多いことがある。寄贈者が家の取り壊しで時間がない場合もある。学芸員が十分に配置されていない館もあることは承知しているが、収集の調査には人手が必要である。

　複数人で訪問することを推奨する第3の理由は、博物館に収蔵するか否かの判断を迫られた時、1人の学芸員の意見だけではなく、セカンドオピニオンとして、もう1人の学芸員による見解も参考にすることで、収集の判断が妥当であることをある程度担保することができることにある。

　寄贈者や購入先からの情報だけを鵜呑みにするわけにはいかない。その情報の裏を取らなければならない。博物館にある参考文献で足りなければ、近隣の図書館や国立国会図書館が所蔵する資料で、信憑性を確認する必要がある。ここで調べたことは、次の検討会議に諮るときの説明資料にもなる。

　来歴を正しく記録し、資料の来し方行く末を決めることは、学芸員の仕事の

なかでも重要な位置を占める。なぜ博物館はこの資料を収蔵する必要があるのか、どのように過去から現在に伝わり、未来に残す必要があるのか、社会に対して説明責任を果たすため、きわめて重要な作業がこの調査である。博物館の検討会議や収蔵委員会に諮る際の基礎資料を作るため、文献や出典を調査する能力が学芸員には求められる。

（2）検討会議

　調査の実見が終わり調査による裏づけも取れ、資料の来歴も確かであることが判明した後、博物館で受入れをするか否かの検討会議を実施することになる。実見した学芸員の意見を踏まえて寄贈（購入）手続きを進めるのか、断るかを検討するのがこの会議である。ただし、検討会議は正式に受入れることを決める会議ではなく、寄贈または購入を進めるに値するものかどうかを組織として決める会議であり、正式な博物館資料として登録されるか否かは収蔵委員会で承認される必要がある。

　真贋について疑義がある場合、またはしっかりと裏づけがほしい場合は、鑑定に出すことになる。すべての資料を鑑定にかけるわけではなく、第三者の専門家の意見を参考にした方がよいと判断された資料だけ鑑定に出す。博物館に歴史、美術、民俗といった専門家がすべて揃っているわけではない。外部の研究者に専門家としての評価を聞くことは必要不可欠である。刀剣は鑑定証が付いていない場合、有料だが刀剣博物館に鑑定を依頼する。

（3）資料（調査）カードの作成

　資料カードの作成は博物館において資料を収集する際の最も基本的かつ重要な作業である。その資料が何で、誰が、どのように、どうして今に伝わったのか（来歴・伝来）を記載することになる。図5.1は浜松市博物館で資料（染色型紙）を整理するために使われている資料（調査）カードである。博物館資料は基本的に①資料名、②年代、③作者、④法量（大きさ）、⑤状態、⑥来歴が基本情報になる。博物館に入ってきた時の資料の状態（劣化や損傷）をここに

記入しておく。

　博物館の入り口でしっかりと情報を取っておかないと、学芸員の記憶が曖昧になり、記録が散逸または紛失する。その前に書き留めることがきわめて重要である。学芸員の頭のなかではなく、使える情報として資料カードに書き留めることが、最も重要な仕事といっても過言ではない。

　情報を書き留め共有化しないと、使えない資料が収蔵庫で死蔵されることになる。いわゆる未整理資料になる可能性がきわめて高くなるのである。一般には知られていない

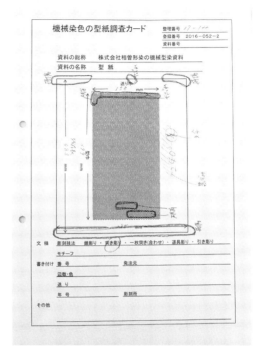

図 5.1　資料カード（浜松市博物館染色型紙調査カード）

が、博物館にはこの類いの未整理資料が存在する。博物館の資料になっているものはすべてデータ化されている、つまり情報が取れていると思われがちだが、決してそんなことはない。整理する時間がなかったため、とりあえず数だけ数えて一括で受け入れて、後から細かい情報を取ろうとすることがよくある。

　しかし、ここで重要なのは、資料整理にかかる時間と必要な人員の把握をすることにある。資料整理に何年かかるのか、その資料整理に必要な人員と予算を積算し、組織としてそれを受け入れることが可能なのか、冷静に判断することが求められる。収集方針に照らして本当にその館にとって必要であり、なおかつ整理できる時間と予算があるのか。時間、予算、人員に加えて収蔵場所は有限である。そのことを意識したコレクション形成を考えなければならない。

（4）収蔵委員会・評価委員会

　すべての公立館で実施されているわけではないが、その資料が博物館にふさわしいものか否か、外部有識者で構成される第三者委員会で審議するのが収蔵委員会である。学芸員個人の趣味や趣向といった恣意的な判断で収集するのではなく、あくまでも館の収集方針に合致し、コレクション形成に資するか否かが問われる。

　委員は外部有識者と呼ばれるその筋の専門家で構成される。博物館の性格によっても異なるが、歴史・民俗・美術・建築・自然史・科学など、その資料の価値を正しく判断することができる人材が招集される。常任の委員を設置する場合と、刀剣などの特定の分野に精通した専門家を臨時の委員として委嘱する場合がある。この収蔵委員会で承認された資料が晴れて博物館の登録資料となるのである。

　寄贈や遺贈資料の場合、購入するわけではないので、収蔵委員会で収蔵が決定されれば、館の登録資料として固有の資料番号が付与され、収蔵庫に保管されることになる。しかし、購入の場合はもうひとつ関門がある。それが評価委員会である。

　収蔵委員会は資料がその博物館にとってふさわしい資料か否かを判断する機関だが、評価委員会は館の購入しようとする価格が妥当か否かを審議する機関である。公立館では公金（税金）を使って購入する以上、購入価格が妥当か否かの公平な判断が、博物館ではなく第三者によって担保される必要がある。

　評価委員会で算出された評価額が、博物館が購入しようとする希望価格より高かった場合、博物館の希望価格で購入が決定される。しかし、評価額が博物館の購入希望価格を下回ってしまった場合、委員会で算定された評価額でしか博物館は購入することはできない。新潟県上越市が個人の所有者から、上杉謙信の愛刀で国宝「太刀無銘一文字（山鳥毛）」を購入しようとした際、市が委嘱した専門家は評価額を3億2千万円と査定。所有者は当初10億、その後は5億円に引き下げたものの、交渉は暗礁に乗り上げ、市は購入を断念せざるを得なかった（産経新聞 Web 版 2017 年 11 月 22 日）。

（5）博物館資料として登録される──資料番号の付与──

　収蔵が決定された資料には、固有の資料番号が付与される。これは唯一無二の資料番号で、重複がないように採番される。数字に法則を持たせる場合が多く、例えば2023年度に田中家（01）から寄贈された1番目の資料を2023-01-0001というように表記していく。

　図5.2のように、直接資料に資料番号を書く場合と、図5.3のように資料番号とバーコードを印刷したタグを資料にくくりつけるやり方など、館によって注記の方針や資料番号の付け方は異なる。今ではバーコードやQRコードを貼った紙片（タグ）を資料にくくりつける方法がとられることが多い。

　ここで重要なのは、資料番号は重複しない固有の番号にすることと、資料と資料番号がばらばらにならないようにすることにある。直接注記されていない資料で、資料番号がわからなくなると、その資料が何なのか同定がきわめて難しくなる。データベースで管理していても、数万点あるいは数十万点ある資料群のなかには、似たような資料が多数あるなど、資料名のキーワード検索だけでは、たどり着けないことが間々ある。そのため、資料と資料番号に付随する資料情報は絶対に分離させないよう注意しなければならない。

　登録番号が付いた資料は、燻蒸して収蔵庫に収められる。燻蒸庫がない場合はバックヤードスペースに囲いを作って簡易燻蒸した

図5.2　資料番号の注記（浜松市博物館所蔵染色型紙）

図5.3　バーコードを貼ったタグで資料を管理（ⓒ Ashmolean Museum, University of Oxford）

り、燻蒸庫をもっている施設で燻蒸してもらうことになる。

　博物館の資料として登録されるまでの道のりは平坦ではないということを可視化し理解してもらうことが本章の目的の一つであった。これからは資料の収集保存と活用までを一体としてとられたコレクション管理の視点で、その指針や基準作りをするという大きな課題が横たわっている。

参考文献

（公財）日本博物館協会 2020『令和元年度　日本の博物館総合調査報告書』。

ICOM日本委員会ホームページ 2023年1月16日「新しい博物館定義、日本語訳が決定しました」（2023年9月6日閲覧）。

FAQs about museums what is a museum? Museums Association UK webpage https://www.museumsassociation.org/about/faqs/#what-is-a-museum（2023年9月6日閲覧）。

AAM Code of Ethics for Museums, adopted 1993 by the AAM Board of Directors and amended in 2000. American Alliance of Museums webpage　https://www.aam-us.org/programs/ethics-standards-and-professional-practices/code-of-ethics-for-museums/（2023年9月6日閲覧）。

金山喜昭編 2023『博物館とコレクション管理―ポスト・コロナ時代の資料の保管と活用〈増補改訂版〉』雄山閣。

産経新聞Web版　2017年11月22日付　https://www.sankei.com/article/20171122-QAUO3RW6UNMHRNI22ROETGE7FU/（2023年9月6日閲覧）。

　本章は科研費基盤研究（C）「博物館収蔵資料の保管と活用に向けた調査研究」（研究代表金山喜昭）の成果の一部である。

（田中裕二）

第6章　文化財の保存管理と博物館

　文化財に生じる劣化は人と文化財、そして環境が相互に作用することで生じる。この相互作用をいかにしてコントロールするのかが、文化財に対する保存管理の主要なテーマである。したがって、学芸員は文化財のみならず、環境と自身を含めた人に関心を向けなければならない。人、文化財、環境へのアプローチの仕方ひとつでその後の状況が大きく変わることを念頭において行動しなければならない。

1.　何を保存するのか

　文化財を制作した当初の部分をオリジナルという。さまざまな原因が文化財に影響をおよぼし、その蓄積が時間の経過とともに文化財を劣化へと導く。劣化によってオリジナルの一部が欠失したり変質を生じたりする。劣化の進行を止めて安定した状態を取り戻すため、また時にはオリジナルの状態に近づけるためという目的のもとで、文化財の多くは繰り返し修理を受けながら今日まで保存され、継承されてきている。修理によって文化財の物理的、化学的な安定性は改善され、それによって安全な取り扱いが可能になるという効用が得られる。しかし別の見方をすれば、修理の直前は文化財に劣化や欠失あるいは変質が生じ、オリジナルの一部が滅失、あるいはしそうな状態にあることを意味している。修理を頻繁に行うことは、裏を返せばオリジナルの滅失が急速に進んでいると言うこともできる。文化財の保存とは、オリジナル部分の滅失あるいは損失をいかに最小化するかという点に何よりも注目しなければならない。つ

まり文化財に生じる劣化の進行を抑制して予防することによって、修理の必要性を低く抑えられる状況を創り出し、オリジナルの減失や変質を可能な限り小さくすることである。したがって、修理は保存管理のなかでは最終手段と捉えるべきである。

　日本の文化財を代表する刀剣を例に、上述の点を具体的に説明してみよう（図6.1）。地中から出土した考古遺物の刀や太刀は別として、地上で継承されてきた伝世品としての刀剣の刀身は輝き続けていることによってその価値を保つことができる。実際、錆びた状態の刀身を愛でる来館者はいない。鉄で造られた刀身は酸化によって錆びやすく、刀身が錆びた場合、元の輝きを回復するには研磨によって錆を除去する以外にない。しかしながら、研磨とは錆とともに刀身の地金も削り取る作業であり、これによって刀身の地金はごくわずかではあるが減失する。造られた当初の刀身の状態をオリジナル、発生した錆を劣化、錆の除去のために行う研磨を修理と考えると、錆が発生〔＝劣化が発生〕するたびに行われる研磨〔＝修理〕によってオリジナルは次第にすり減って〔＝減失あるいは欠失〕していくことになる。何度も研磨を繰り返すと刀身はすり減って、次第に痩せていく。そのため、刀身は手入れという定期的に行われる予防によって、錆の発生を最小限に抑えるように努力がなされている。手入れとは、刀身に錆の発生があるかどうかを確認することで、あれば刀身の研

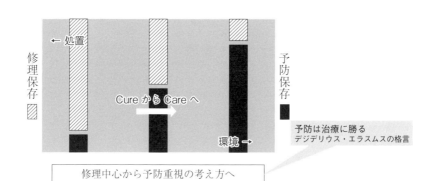

図6.1　修理から予防へ

文化財資料の製作当初の部分をオリジナルという。劣化が発生すると修理をして劣化の進行を止める。したがって文化財はオリジナル部分＋後補部分から構成される。

図 6.2　文化財はオリジナルと後補から構成される

磨や白鞘などの修理、なければ刀身に保護用の油を塗り直してから白鞘に収めることをいう。刀身の研磨を行う場合でも、擦り減りを可能な限り小さくするために、スポット状に発生した錆のみを取り除く研ぎ継ぎという特殊な技術が用いられる。これもオリジナルをできるだけ減らさないようにという配慮である。錆の発生の原因は、歪んだ白鞘の一部が刀身に接触することで発生する場合があり、その時には白鞘の歪みを直す修理が併せて実施される。このようにして刀身に発生する錆の除去と予防によって、オリジナルの維持に努める伝統が日本の刀剣文化を支えてきた。予防については「4. 安全と安心の創出」の節で詳しく触れる。

　先に述べたように、時間とともに劣化が進む文化財はその多くが修理を受けながら継承されてきた。したがって文化財は、オリジナル部分に加え、修理の際に付け加えられた後補と呼ばれる部分からなる（図 6.2）。例えば仏像では、失われてしまった光背や台座、あるいは腕や手先などが後世の修理の時に付け足された例は多い。オリジナルと幾世代にもわたって付け加えられた後補部分が複雑に入り込む文化財を修理する場合、最も重要視されるのはオリジナル部分の保全であるが、時として後補部分もオリジナル同様大切に扱われる場合もある。再修理の際に要求される最も高度な判断の一つは、後補の温存か、切除かの決断である。

　さて、ここでもう一つのオリジナルについて述べておく必要がある。オリジナルとは製作当初から遺る物質としての部位を指すだけではなく、真正性（Authenticity）と呼ばれるもう一つの性格が保存維持されているかどうかを指し示す場合がある。まずギリシア神話に登場する『テセウスの船』という話を紹介しよう。テセウスという人物が若者とともにクレタ島から帰還してきた30本の櫂のある有名な船は、後の時代にも大切に保存されていた。しかし経年による劣化のために、朽ちてしまった木材は徐々に新たな木材と置き換えられていった。これを知った哲学者らはこのことについて大いに議論をしたという。つまり、ある学者はもはや同じ船ではないと言い、別の学者は同じものだと主張した。また、すべての部材が新しいものと置き換えられた時には、その船はオリジナルと同じものといえるのかという疑問を投げかけた学者もいた。

　同じことが歴史的な木造建造物の修理に関して現代の日本でも起きている。法隆寺五重塔をはじめとする日本の古建築物は、数十年に一度の大修理によって保存維持が行われてきたことは周知の事実である。修理のたびに風食や腐食などで傷んだ部材は新たな木材や瓦などと交換され、建造物を構成する部材は次第に後補である新しい部材と入れ替わり、最終的には当初の部材がほとんど存在しなくなる。こうした文化財がオリジナルの価値を持つことが世界的に認められたのは、1994年に奈良市で開催された国際会議「世界文化遺産奈良コンファレンス」において「奈良文書」が採択されてからのことである。それによれば「遺産の保存は地理や気候、環境などの自然条件と、文化・歴史的背景などとの関係の中ですべきであり、その文化ごとの真正性が保証される限りは、遺産の解体修理や再建なども可能である」。それまでは世界の文化遺産は大半がヨーロッパに集中し、真正性の基準が経年変化を受けにくい石の文化であるため、日本やアフリカなどの木や土の文化には必ずしも対応していなかった。そこで、木造建築物などの保存について、国際社会の理解を深めるために、日本主導による「真正性に関する奈良会議」が1994年に開催され、「奈良文書」が採択されたわけである。

　こうした世界共通の理解を得るためにはそれまでの長い相互理解の歴史が

あった。1931年の「アテネ憲章」では、文化財、特に歴史的建造物の修理に際して近代的な技術と材料を使用することが世界の共通理解として公式に認められた。1964年の「ヴェネツィア憲章」では、歴史的建造物を修理する際には建設当時の工法、素材を尊重することがうたわれている。そして1994年「奈良文書」では、建造物や景観などの修理においては、建造当時の状態がそのまま保存、維持されていることとされ、日本の木造古建築物の修理の方法が世界的に認知され、建築部材が入れ替わったとしても、材料、技術、景観が伝統に基づいて維持保存されている限りは、その建築物は文化的歴史的価値を持つ文化財と確認された。[(1)]

2.　博物館の潜在的リスク

そもそも博物館が収蔵するコレクションとしての文化財は、かつては個人や団体が所有する個別の資産であったものがほとんどであることから、個別に管理され、そして保全されてきたわけである。地理的にも時間的に異なる環境下で、個別に保管されていたこれらの文化財が、それぞれの環境下において、例えば火災や水害などの何らかの原因によって劣化することは十分に考えられる。しかしながら、遠く離れた環境にあるそれぞれ個別の文化財が同時に劣化するような状況は考えにくい。しかし博物館のコレクションに加わるということは、個別の環境で保全されてきた文化財が同じ屋根の下で集中管理されることを意味するので、博物館の環境次第でコレクションに同時多発的な劣化が発生することは十分に考えられる。博物館で所蔵される以前の個別管理の時は、劣化のリスクが分散している状態であり、コレクションに加えられると同時に劣化のリスクが集中することになる。美術評論家の酒井忠康氏は博物館のコレクションについて、「一つの作品が一つの運命をもっていろいろな人の手を渡ってきたという、隠された見えない人間的なつながりの中で受け継がれてきて、現在はここにあるということをもっと自覚してほしい[(2)]」と学芸員に語りかけている。文化財が博物館に集まるということの意味を考えるうえで、同様な

視点である。

　リスクの集中について具体的な例をいくつか示しておこう。一つは、ブラジルの観光都市リオデジャネイロにあるブラジル国立博物館について。同館は19世紀初頭にポルトガル王室の邸宅だった由緒ある建物を使用して1818年に設立された施設であった。そこにはおよそ2,000万点の貴重な自然史標本が収蔵されていたが、設立200年を迎えた2018年9月2日の夜に博物館から出火し、外壁を残してすべてが焼け落ち、コレクションの9割が灰燼と化した。出火原因は不明だが、博物館の老朽化が進むなかで、予算削減のために十分な施設の改修維持が図られていなかった可能性がある。⁽³⁾

　もう一つの事例は台風の影響で地下収蔵庫が水没した川崎市市民ミュージアムである。同館は多摩川の河川敷まで数百メートルの距離にある等々力緑地公園内に立地し、所蔵品26万点の総合美術博物館であった。2019年10月12日から13日にかけて関東地方を縦断した台風19号によって、9つの地下収蔵庫のすべて、さらに荷解き室や電気室などが浸水した。その水深は一部で3メートルを超えたという。漫画家岡本一平の原画や日本画家安田靫彦の作品など、冠水して被災した収蔵品は22.9万点に及ぶ。電気室の被災によって収蔵庫の空調が完全に停止したため、ずぶ濡れの収蔵品は高湿度の環境のなかで救出活動の開始を待つ間にすべての作品にカビが発生し、その影響は甚大であった。⁽⁴⁾

　三つ目の事例として、博物館のコレクションに加わることで難を逃れた文化財を紹介しておく。日本初の近代劇場である三越本店や旧帝国劇場を設計した建築家の横河民輔（1864〜1945）は中国陶磁器のコレクターであり、5000点を超える作品を収集していた。晩年の横河は、昭和7年（1932）から昭和18年（1943）まで、それらのなかから1200件あまりの優品を東京国立博物館（当時は帝室博物館）に寄贈した。その後、東京高輪にあった横河邸は空襲で焼け落ちてしまう。もしもそのとき同氏のコレクションの多くが自宅で保管されたままだったとしたら、これらの作品を鑑賞することはできなかったはずである。⁽⁵⁾

　水害の事例からは、収蔵庫の環境が適切な値を維持できなくなって高温多湿の環境に変わると、カビの繁殖が爆発的に発生することが理解できる。収蔵庫

の環境に生じた不具合が文化財全体に大きな影響を与えるわけである。これは災害などに限った現象ではなく、ごく普通の日常においても発生する可能性がある。

3.　文化財を劣化に導く要因

　文化財資料が傷む要因にはさまざまなものがあり、劣化の多くは時間の経過とともにそれらが相互に複雑に影響して生じたものであり、影響した個別の要因をひとつひとつ完全に特定することが難しい場合がある。劣化の状態は時間が経過するとともに徐々に明らかになってくる場合が多いので、経年劣化あるいは経年変化などと呼ばれる。それに対して、経年劣化のように長い時間を要することなく、短い時間で生じる劣化は主たる要因が比較的に明確である。こうした劣化は事故や毀損などと呼ばれ、経年劣化と区別される。

　劣化はその状態によって化学的、物理的、生物学的劣化と区別できる。化学的劣化には腐食、酸化、退色、変色など、物理的劣化には伸縮、浸食、疲労、割損、剥離、摩耗など、生物学的劣化には腐敗、食害、汚染などの現象がみられる。これらの劣化現象が具体的に出現するまでに要する時間によって、劣化の要因は長期、中期、短期の 3 通りのカテゴリーに分類できる。長期とは、劣化の要因が10年から100年の長期間にわたり文化財に影響し続けた時に劣化を生じさせる場合、中期とは 1 年から10年、短期とは 1 年以下の時間的なスケールである。

　長期的に影響することで文化財を劣化させる要因は、温湿度変化、光放射、公開活用などをあげることができる。10年から100年程度の長期間にわたって要因が継続する時に発生する作品の劣化である。変化は緩やかに進行するため、人間がその変化の過程をつぶさに認識することが難しく、たいていの場合は劣化が明らかになってから要因の影響について意識することが多い。影響は長い時間をかけて資料に蓄積され、劣化は徐々に進行する。これは人間が最も不得意とする知覚の対象である。いわば文化財に対する目に見えない敵のよう

なものである。この知覚しにくい対象に対するわたしたち人間の態度について、レイチェル・カーソンは著書『沈黙の春』（Silent Spring）のなかで、次のように記している。「信頼のおける公衆衛生局の人たちが指摘しているが、化学薬品が生物に与える作用は長い間にわたってつもり重なっていき、ある人間が一生のあいだにどのくらい化学薬品に身をさらしたか、その総計がすべてを決定するという。だが、まさにそのために、危険なことがなかなかわからない。ただ漠然といつか災難がありそうだと言われても、それに冷淡なのは人情だ。《明らかな兆候のある病気にふつう人間はあわてふためく。だが、人間の最大の敵は姿をあらわさずじわじわとしのびよってくる》とは、医学者ルネ・デュボス博士の言葉である⁽⁶⁾」。

　具体的には、温湿度の変化、高温高湿、展示のたびに照射される照明、掛け物や巻物のように公開のたびに繰り返し開閉されることで生じる物理的ストレスなど、これらの要因が複合的かつ長期的に作用することによって文化財は劣化へと進む。温湿度の変化は含水率の変化を促し、それによって作品の膨張収縮が生じて機械的な劣化が促進される。高い相対湿度と温度は材質の化学的劣化を促進させる。照明光が含む紫外線、可視光線、赤外線によって、染料の退色、繊維の脆弱化、紙の黄変など光化学反応が生じる。資料を構成するオリジナルの材料自体が原因となって、劣化が進行することがある。黒色の染織品に見られる繊維の粉状化は、染色の時に使用された鉄媒染の影響によるものであると考えられている。また、岩緑青（マラカイト）を絵具として使用すると、絵具を塗布した部分の紙が茶褐色に変化し、脆弱化する現象が知られている。

　繰り返された展示公開とオリジナルの素材が内包する劣化要因によって生じた劣化の事例を紹介しておこう。東京国立博物館が所蔵するアイヌ民族資料「胴着」（チュウカウカプ）はアプタ（蛇田）首長・明石和歌助（イカシワッカ）が所有していたもので、その後博物館での展示公開の間に袖の付け根「袖ぐり」の部分がボロボロに劣化したため2004年に修理を行った。劣化の原因は、胴着をひろげる行為と折りたたむ行為が展示と収納のたびに繰り返されたため、袖ぐりの布が疲労したためと考えられる。その部分には鉄媒染によって染

めた糸が用いられており、材質的に最も
弱い部分であったことも原因の一つであ
る[7]（図 6.3）。

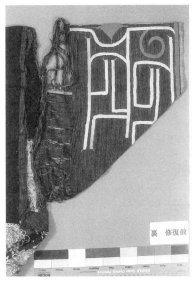

図 6.3 展示公開の繰り返しによって生
じた劣化（袖ぐりの部分が劣化し
たアイヌ民族資料）

　1 年から 10 年程度の中期的な期間、文
化財に影響することによって劣化を生じ
る要因として、生物劣化、空気汚染物
質、修理材料などをあげることができ
る。博物館の建物に侵入した有害な生物
あるいは文化財の移動に伴って持ち込ま
れた生物は、館内の温湿度や栄養となる
文化財、あるいは埃に混じる栄養源など
の条件によって繁殖する。もしもそのよ
うな条件が常態化すると、文化財は毎年
のようにカビあるいは害虫の脅威にさら
されることになり、腐敗や食害などの材
質劣化が進行する。これを生物劣化という（図 6.4）。

　空気汚染物質による劣化には 2 種類存在する。ひとつは屋外の大気中に含ま
れる塵埃や煤煙などの空中浮遊物質、あるいは窒素酸化物や硫黄酸化物などの
ガス状物質が、空調機や開放された窓などを通して館内や収蔵庫内に入れられ
ると、文化財表面を徐々に汚染していく。もう一つは展示室や収蔵庫で使用さ
れる建材や棚などの内装材料から放出される揮発性物質である。例えば、合板
からはホルムアルデヒドやアセトアルデヒドなどのアルデヒド類、天然の木材
やクロスの接着剤などからは酢酸やギ酸などの酸性物質、コンクリートの躯体
からはアンモニアなどが多量に放出することがあり、それによって文化財は強
い化学的影響を受け、劣化する。また、安定性に関する確認が不十分な合成樹
脂を修理材料として利用すると、数年後には合成樹脂が劣化して変退色、硬
化、変形などを生じ、それによって文化財自体に悪影響が及ぶことがある。

　1 年以下の短い期間、文化財に影響することによって劣化を生じる要因とし

図 6.4　カビに覆われた肉筆浮世絵（カビの斑点状
の痕跡は除去できない）

て、自然災害、輸送、盗難、発掘、事故などがあげられる。地震による転倒落下や津波被害、火災による焼失、水害による汚染や生物被害など災害は短時間のうちに文化財に劣化をもたらし、その影響は甚大である。特別展の開催に伴う文化財の輸送もまた劣化をもたらす要因となる。輸送中の損傷は、人間、トラック、空港内の運搬器具など

によって運ばれる時に多く、梱包ケースの落下や振動が原因と考えられる。振動や衝撃の影響が見られない場合でも、影響が文化財に蓄積されていると考えておく必要がある。輸送中の梱包ケースは屋外の環境に晒されるため、温湿度変化に対する対応は振動衝撃と合わせて重要である。結露、カビ、変形や歪みなどが生じる可能性がある。発掘によって出土した遺物は、土中の特殊な環境から大気と接触した瞬間に急速に劣化し始める。木製遺物は急激な水分の放出による収縮、金属遺物は急激な酸化反応による腐食が急速に進む。

4.　安全と安心の創出

（1）計画的な保存の必要性

　もとは個別の所有者の下で管理されてきた文化財が、ひとたび博物館に収蔵されるとほかの多くの文化財とともに一括管理の下に置かれる。先に述べたように、それぞれが個別の所有者による管理下では、環境がまったく異なるほかの文化財と共に同時に劣化することは考えられない。しかしながら、博物館という一つの環境の下に集められた文化財には、自然災害あるいは人為的な原因によって劣化が集団で発生するリスクがある。また、博物館でしばしばみられ

ることであるが、高い関心が向けられた文化財、あるいは高い価値を有すると
みなされる文化財はより質の高い保存管理がなされ、それと逆の文化財に対し
ては管理が十分に行き届かない状況も生まれる。博物館のコレクションに加え
られることによって、以前にはなかった文化財価値が序列化され、それに応じ
た保存管理がなされる。すべてのコレクションが必ずしも適切な環境に置かれ
るわけではなく、時として不適切な環境に置かれる場合もあり、そこで劣化の
進行は促進される。さらに、人気の高い文化財はほかに比べて公開活用の頻度
が高くなり、その結果摩耗や折損など物理的な劣化の進行も早まりやすいた
め、修理の必要性も併せて高まる。つまり、文化財が一つの博物館に収蔵され
れば、すべての文化財に均質な保管条件が適用されるわけではないことにな
る。

　以上のように、博物館では同時多発的な劣化が文化財に生じるリスクが存在
する点、次に博物館の保管条件がすべてのコレクションに対して決して均一で
はない点、公開活用が特定の文化財に集中する点などを認識することが重要で
ある。それゆえに、全体を網羅的かつ詳細に把握し、さまざまな状況に対処す
るためには、組織的かつ計画的な保存活動が必要となる。

（2）リスクマネジメント

　文化財の保存管理はリスクマネジメントの手法を基本とし、それに基づいて
活動計画を立案し、実施する。それにより博物館内のさまざまな場所や運営に
潜むリスクをコントロールすることが可能になる。展示公開を前提とした博物
館活動において、リスクを完全に取り除くことで実現するゼロリスクの状態は
存在しない。そもそも作品に光を照射する展示公開に文化財を劣化に導くリス
クがあり、文化財の価値を人びとと共有しようとする限りそれに伴って生じる
リスクを取り除くことはできない。したがって、リスクマネジメントとはリス
クを可能な限り抑制し、劣化の進行を最小化するためにとるべき手段を指し示
すものといえる。リスクマネジメントは以下の5段階から成り立つ（図6.5）。
　1）リスクの確認：問題の有無・状態・原因を調べる（診察）

リスクを組織的に管理して損失の回
避または低減をはかるプロセスのこ
と。螺旋状に状況は改善される。

図 6.5　リスクマネジメント

2）リスクの測定・評価：問題の種類・程度を判断する（診断）

3）リスク処理方法の選択：劣化の状態に応じた処置方法を判断する（処方）

4）リスク処理方法の実施：具体的に処置を施す（治療）

5）リスクマネジメントの統制：処置後の経過を観察する（予後）

　1から5までを順に実施し終わると、次の新たな状態に移行する。そこでは
これまで認識できなかった新たなリスクの存在に気付くので、さらに1から5
の項目を実施する。このサイクルを繰り返すことによってリスクは次第に抑制
され、より高い安全で安心な環境・活動へと移行する。これは螺旋階段を登る
ようなイメージであり、博物館活動の進展とともに螺旋を登り続ける必要があ
る。

　括弧で示した診察、診断、処方、処置、予後は博物館における保存管理で使
用する用語となる。近年は文化財保存の分野で医学用語が適応されることが多
い。近年の医学の世界では人体に強いダメージを与える病巣の完全切除だけが
唯一の治療ではなく、病巣の温存も含め全人的な健康を維持することが重視さ
れる傾向にある。それは Quality of Life と呼ばれる生命あるいは生活の質を問
題視している。そのため、治療よりも予防による生活習慣の改善に力点が置か
れるようになった。文化財においても同じように修理による問題の解決より
も、予防による劣化進行の抑制と状態の維持を目指す方向に世界中の考えが移
行している。そのような関係性から医学用語の導入も必然的な流れといえる。

我が国の博物館においてこうした考え方は十分に浸透してはいないため、医学用語が保存管理に使用されることに対してはなじみがまだ薄い。

（3）診察と診断——文化財と環境の状態——

　診察は、文化財とそれを取り巻く環境の状態をモニタリングによって点検し、保存カルテに記録することから始まる。これによって状態を把握する。次に診断を行うわけであるが、それらの状態を基準や指針に照らし合わせて評価することになる。指針あるいは基準は専門機関や学会、文化庁などが公開しているものに準拠することになる。

　文化財の点検は展示準備、他館への貸与、修理前の調査など、事前に文化財の状態を確認する必要がある場合に実施される。点検内容は保存カルテに記録し、以後に得られる関連するデータはすべて同じカルテに収める。このようにすれば文化財に生じた変化を時間を追って保存カルテから読み取ることできるようになり、劣化のスピードや時期などの推定が可能になる。

　環境の点検は、同一地点を長期にわたって観察することで、環境に影響を与えるおもな要因を見出すことができるので、短期的な測定では不十分である。通常、観察の期間はエンドレスであり、文化財が収蔵展示されている限りその周辺の測定は継続されることになる。モニタリングの対象は温湿度、空気汚染物質、カビや虫などの生物、展示照明の照度などである。環境が適切であるかどうかの評価は指針や基準と比較して行う。基準がない場合は、長期間の計測データに照らして異常を検出する。例えば、害虫の数量に対する指針や基準は存在しないが、平時の数量が把握されていれば急増した時には異常として認識できる。つまり、適正な環境が継続している場合でも、モニタリングを継続することが原則である。

（4）処方と治療そして予後——予防保存と修理保存の実行——

　環境と文化財の状態に対する評価が終わると、次の段階は評価に基づいた処方、つまり改善策を立案することである。十分な検討のうえでできあがった処

方に基づいて治療、あるいは別の表現で処置を開始する。その時に優先される
のは、環境の改善、取り扱い方法の改善など劣化の進行を抑制するための処置
である。こうした活動を予防保存と呼ぶ。予防保存が対象とする領域は、展示
室や収蔵庫などの大空間から、収納棚、展示ケース、梱包ケース、保存箱、袋
などの小さな空間まであらゆる空間である。「何を保存するか」の節で説明し
た刀剣の白鞘もそのひとつである。予防保存は多数の文化財に同時に働きかけ
る方法論で、文化財一点あたりにかかる費用は少額であるが、処置を長く継続
する必要がある。具体的には、温湿度変化の安定化、窒素酸化物やホルムアル
デヒドなどの汚染空気の排除、材質に応じた照度の設定と紫外線など有害な光
放射の排除、食害をもたらす害虫や腐朽を生じさせるカビなどの生物の駆除、
輸送に伴う振動や衝撃の軽減、自然および人的災害に備えた防災対策、盗難に
対する保安対策などである。

　続いて修理保存と呼ばれる文化財の修理へと進む。文化財を公開するために
は、文化財の状態が取り扱い可能な安全なレベルにあるかどうかが重要であ
る。修理保存では、取り扱いは可能であるが軽微な劣化がみられる場合の処置
と、取り扱いが不可能なほど劣化が重篤化した場合の処置がある。前者は日常
管理として小規模な処置をきめ細かに行う対症修理と呼ばれる方法で、軽微な
劣化が拡大しないように速やかな処置を施すことで、文化財の安全を守ること
が目的である。後者は本格修理と呼ばれ、数十年から百年ほどの間隔で行われ
る大規模な処置である。本格修理は対症修理ではカバーすることができないレ
ベルの劣化に達した文化財に対して、十分な時間と経費をかけて行う処置であ
り、事前の徹底的な状態検査、それ基づく修理材料と技術の選択、修理中のあ
らゆる記録の保管を必要とする。処置内容が文化財の価値に重大な影響を与え
ることになる場合もあるので、慎重な対応が必要であり、関係者の総意に基づ
いて行われなければならない。修理保存は文化財ひとつひとつに適用する方法
のため、一点あたりに要する経費は高額となる。

　予防保存も修理保存も治療を実施した後は予後と呼ばれる経過観察を実施し
て、処置を行った箇所の状態を見守る。問題が確認されたら処方と治療の問題

点、あるいは診断と診察の時点までさかのぼって問題点の洗い出しをして、処置内容の再検討や時には処置のやり直しも視野に入れる必要がある。

（5）臨床保存——保存活動の優先順位——

　文化財の保存管理は博物館のあらゆる場所で実践されることが必要で、何時、いかなる場所でも文化財の安全を創出するために文化財を見守り、文化財に寄り添う臨床的な活動である。持続可能な文化財の保存公開を実現するためには、リスクマネジメントの手法に従って調査診断、予防保存、修理保存に資源を適切に配分して、保存管理の活動を組み立てる必要がある。調査診断は、現状を正しく認識し、評価するために、優先して取り組む事項であり、それに続いて予防保存による環境改善に取り組むことが重要である。展示公開によって資料の損傷が進まないように、対症修理の手法で初期の劣化を安定化させる修理保存を実施する。対症修理によって展示公開に伴う文化財の消耗を軽減し、劣化の進行を抑制する。劣化が本格修理を行う段階に達した場合には、適切な時期に確実にそれを実施していかなければならない。

　展示公開に関する取り組み事例を紹介しておこう。博物館における学芸員不足はいずこも同じである。東京国立博物館も例にもれず不足しがちな人数をやり繰りして、いくつもある広大な絵画の展示室それぞれを月ごとに年 12 回の展示替えを行っていた。やがて業務量は展示替え作業を圧迫するほどに増大し、このままでは作業に危険が及ぶことを懸念するような状態となった。館内のさまざまな関係者との長い議論を重ね、従来 4 週間としていた絵画の展示期間を 6 週間に伸ばし、その代わり次の展示まで少なくとも 1.5 か年は収蔵庫で保管することにした。その結果、照射される照明の総量は従来どおり、展示替えは年 8 回になることで作業の安全性が向上、そして来館者が絵画に接する期間が長くなるなど、文化財、環境、人の関係を考えることによって安全と安心を向上させていった。[8]

（6）今日的な課題

　最後に２つの今日的課題を記して本章を閉じたいと思う。ひとつはゼロエミッションと博物館活動、もうひとつは防災と SDGs である。両者ともに気候変動とかかわる課題である。博物館の社会的使命が文化財を通じた文化活動であることは言うまでもないが、社会の一構成員として博物館もまた気候変動の抑制に貢献する必要がある。そのためにエネルギー消費を抑え、二酸化炭素の放出を減らす努力が求められている。しかし、文化財の保全に適した安定した環境を求めようとすると、その実現に莫大なエネルギー消費を伴うのが現実である。一方、2030 年までの実現を目指す Sustainable Development Golds（SDGs）[9]のなかに目標 11 として「住み続けられるまちづくりを」が掲げられているが、その具体的なターゲットのひとつに「仙台防災枠組 2015-2030」[10]がある。仙台防災枠組は、仙台で開催された第 3 回国連防災世界会議で国連加盟国が採択し、2015 年 6 月の国連総会で承認された 2030 年までの国際的な指針である。指針は加盟国が災害リスクの軽減と気候変動への適応に取り組む必要性を強調しており、災害からの文化財の保全も含まれている。地震、津波、洪水、森林火災、火山噴火などさまざまな災害によって被災する文化財の数は今日ますます増大しつつある。その原因のひとつに気候変動がある。

　このように、文化財の保存環境、ゼロエミッションそして防災は密接なつながりをもって博物館の身近にあり、私たちに具体的な行動を促している。文化財の劣化を抑制できる必要最小限の環境とは何か、そしてそれに対応した博物館建築の在り方の再考、災害による文化財の被害を軽減するための減災の在り方と被災した文化財のレスキュー方法など、これらの課題をわたしたちは直視しなければならない。

註

（1）日本イコモス国内委員会憲章小委員会編 1999『文化遺産保護憲章　研究・検討報告書』日本イコモス国内委員会。
（2）日比野秀男編著 1999『美術館と語る』ぺりかん社。
（3）神庭信幸 2020「美術品と災禍─内水氾濫と地下収蔵庫の浸水」『美術の窓』10 月

号、生活の友社。

（4）　神庭信幸　2020「美術品と災禍―火災事故の後始末」『美術の窓』1月号、生活の友社。

（5）　三笠景子　2021「横河民輔博士寄贈の東洋陶磁コレクション」『博物館研究』第56巻、第8号。

（6）　レイチェル・カーソン（青樹簗一訳）2001『沈黙の春』新潮社。

（7）　東京国立博物館編　2004『平成16年度 東京国立博物館文化財修理報告 Ⅵ』東京国立博物館。

（8）　神庭信幸　2005「東京国立博物館における環境保全計画―所蔵文化財の恒久的保存のために―」『MUSEUM』No.594。

（9）　外務省『Japan SDGs Action Platform』（2024年2月6日閲覧）。
　　　https://www.mofa.go.jp/mofaj/gaiko/oda/sdgs/index.html

（10）　仙台市『市民のための仙台防災枠組 2015-2030』（2024年2月6日閲覧）。
　　　https://sendai-resilience.jp/media/pdf/sfdrr_2.pdf

（神庭信幸）

第7章　博物館の調査研究と展示活動

　本章では、博物館で行う調査研究について述べる。まず、大学やほかの研究機関とは異なる博物館で行われる独自の研究とは何か。この点について、日本の博物館学ではどのような理解がなされてきたのか、その大枠を確認する。

　続いて、博物館における調査研究がほかの業務とどのようにかかわっているのか。また、展示に直結するような調査研究とはどのようなものなのか。これらの点について言及する。最後に、博物館における調査研究の情報発信の仕方として展示以外にどのような手法があるのか、明らかにする。

1.　博物館における調査研究とは何か

さて、博物館法第4条4を参照すると、

　　学芸員は、博物館資料の収集、保管、展示及び調査研究その他これと関連する事業についての専門的事項をつかさどる。

と記されている。

　では、博物館で行うべき調査研究とは何であろうか。これについては、2022年の第26回 ICOM 大会において採決された博物館の定義のなかにも明文化されている。そこでは、博物館は、「有形及び無形の遺産を研究」する機関であることが明記されている。

　一方、我が国において、1951年に公布され、翌年施行された博物館法第3条五によれば、博物館で行うべき事業内容として、「博物館資料に関する専門的、技術的な調査研究」があげられており、六によれば、「博物館資料の保管及び

展示等に関する技術的研究」があげられている。

　このように我が国において、博物館における調査研究といった場合に、まず取り上げられるのは、博物館資料の調査研究である。では、博物館資料はどのような形で研究されるのであろうか。

　1956年の段階で、鶴田総一郎は、博物館における調査研究の内容を以下のように分類している。

　　　Ⅰ　博物館資料の研究

　　　A　収集保管に関する応用研究

　　　B　資料そのものの研究

　　　Ⅱ　博物館資料と人との結び付きに関する研究

　　　A　研究対象となる社会人の把握

　　　B　博物館資料の教育学的再研究

　　　C　「もの」と「人」との結合方法に関する研究

ここでは、博物館で行うべき研究といった場合に、博物館資料そのものの研究だけではなく、資料をどのような形で情報発信していくべきなのか、そのこと自体も研究対象となっている。博物館資料が人と人とを結びつけるコミュニケーションのツールとして重要な存在であることが、博物館法施行後、数年に満たない段階で指摘されているのである。

　また、1964年の時点で、宮本馨太郎は、

　　　学芸員は資料の収集・保管、専門学術の研究、展示・教育活動の三分野における研究調査を兼ねて実施せねばならないが、なによりもまず学芸員の資質として専門学術の研究者であることが要請せられると共に、博物館の研究調査活動において専門学術の研究調査が優先することが要望せられるのである。

と述べ、資料の収集・保管や展示・教育活動も「研究調査」であると位置づけたうえで、「専門学術の研究調査」を優先すべきことを主張している。

　この記述から、宮本は博物館における調査研究活動を多岐にわたるものであると理解したうえで、「専門学術の研究調査」を別格として位置づけているこ

とがわかる。

　また、1978 年に千地万造は、博物館における調査研究は博物館の機能にかかわる以下の諸目的のために行われることを指摘した。

　　① 学術・芸術・教養の向上に貢献するために。

　　② 価値ある資料の収集のために。

　　③ 価値ある資料を後世に引き継ぐために。

　　④ 展示と教育プログラムの内容を高めるために。

　　⑤ 展示と教育の効果を高めるために。

　これらの諸目的を達成するために、博物館では「学術的研究」と「博物館学的研究」が行われなくてはならないとする(4)。

　1979 年に倉田公裕は、鶴田の見解を受け継ぎ、博物館における調査研究として、

　　（1） 資料に関する専門科学的研究

　　（2） 資料の収集と保存に関する方法的・技術的研究

　　（3） 博物館の展示や教育に関する理論・方法・技術に関する研究

をあげる。そして、大学の研究が仮説の構築を重視する演繹的方法であるのに対し、博物館の研究は、モノ（資料）を中心とした帰納的方法に基づくものである点に特色を見出す。同時に「モノ（資料）を展示してヒトと結びつける積極的な働きかけの科学的方法についての」博物館学的研究の遅れを指摘する(5)。

　2001 年の段階で、鷹野光行も、博物館における調査研究活動の内容を以下のとおり、幅広い視点で捉えている。

　　A　資料そのものの学術的研究

　　B　資料の保存に関する研究

　　C　展示など教育活動に関する研究

　　D　博物館そのものの研究

　鷹野は、博物館における研究内容のうち、D については博物館の現代社会のなかでの役割を意識したものであり、博物館はどうあるべきかといった点を問題とする(6)。

　2012 年に大堀哲は、博物館における調査研究の内容として、

　　① 資料（モノ）中心の専門科学的調査研究

　　② 資料の収集・保存・修復に関する方法的・技術的調査研究

　　③ 博物館の展示・教育に関する教育学的調査研究

の 3 点を列挙しつつ、ミュージアムマネージメントの調査研究の必要性を指摘する。[7]

　このように博物館においては、博物館資料だけが博物館の研究対象ではなく、博物館にかかわるさまざまな業務内容それ自体が研究対象となる。しかし、本章では、紙幅の関係でそのすべてを取り上げることはできない。そこで、展示に結実する学芸員の調査研究を中心に論ずることになる。

2.　調査研究とそのほかの業務

　さて、本章の冒頭部分で掲げた博物館法第 4 条 4 では、「調査研究」を、博物館資料の収集や保管、展示とはまったく別個の営みとして記している。しかし、それらの業務は、はたして、お互いに無関係な形で存在しているのであろうか。

　鶴田総一郎は、博物館の目的として、資料の収集、整理保管、調査研究、教育普及といった 4 つをあげ、各目的が相互に因果律関係にあることを指摘し、収集→整理保管→調査研究→教育普及という一連の大循環のほかに、個々の 2 つの目的間に小循環と呼ばれる 1 つの回転があることを指摘した。例えば、調査研究の成果によって教育普及活動が進み、その結果、さらに調査研究が充実化するという考え方である。また、教育普及→整理保管→調査研究→教育普及といった具合に、4 つのうちどれか 1 つが欠けた相互回転としての中循環の存在も指摘した[8]（図 7.1）。

　この鶴田の指摘の有効性は、野田市郷土博物館における金山喜昭の調査研究活動によって確認された。すなわち、1970 年に同館に寄託された押絵行燈を調査研究した金山によれば、押絵行燈が同館に寄託された後、それをただ単に

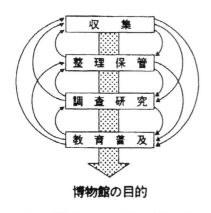

図 7.1　博物館の４つの目的の循環図（註2文献より）

保管した状態のままにするのではなく、調査研究することによって、押絵行燈の作者の子孫から新たに同館に寄贈がなされ（収集）、それらを含めて調査研究を行うことにより特別展の開催にこぎつけた（教育普及）。その結果、資料の価値が認識されて、修復作業が行われた（整理保管）。また展覧会の開催により、テレビ番組の制作がなされ（教育普及）、収納箱も製作された（整理保管）。その後も関連する資料の収集や調査研究が続いたという[9]。

　博物館法第４条４に規定されている日本の博物館の学芸業務は多忙である。しかし、鶴田や金山の指摘を踏まえると、資料の収集や保管、展示や教育普及活動それ自体は、実は調査研究活動と表裏一体であることに気がつく。

　欧米の博物館では、これらの業務は、キュレーター、コンサベーター、レジストラーといった具合に分業体制となっている。これに対し、日本の博物館の学芸員はこれらの業務をすべて一人でこなす場合も多い。それゆえに、調査研究に専念できずに、「雑芸員」と自嘲気味に語られる場合もある。しかし、調査研究一本ではなく、さまざまな業務をこなしているからこそ、資料をどのように調査したらよいのか、そのポイントが見えてくる場合がある。

　このような観点に立った時、資料の修復などの業務は、資料の調査研究の絶好の機会である。

　例えば、東京国立博物館（以下、東博と略称）では、創立120周年の記念事業として、金属器特別修理費を確保し、1991年から翌年にかけて、国宝である江田船山古墳出土の銀象嵌銘大刀の保存修理を行った。その際に、学術的・技術的な調査検討を行うことを目的とした「銀象嵌銘大刀修理指導委員会」を組織し、以前に撮影された写真、Ｘ線透過写真などの資料をもとに大刀を観察

し、修理の方法や修理後の保存の在り方について検討した。注目すべきは、科学的調査や新たな実測図や写真などの資料作成も重要な目的であることが、委員と東博の研究員との間で確認されたことである。

　資料に接する際に、漫然と観察するよりも問題意識をもって観察した方が有益な成果が得られる。東博の江田船山古墳出土の銀象嵌銘大刀の場合は、修理の方針を決めるという目的があり、それに沿って大刀の象嵌の観察が行われたのである。その際には、ルーペの観察では不十分であるため、20～50 倍の光学実体顕微鏡を用い、象嵌の正確な輪郭の把握に努めた。具体的には、銀線の嵌入の先後の切り合いを確認したり、象嵌の脱落している部分について、鏨痕の底の形状に注意した。

　そのうえで、写真撮影と実測図の作成を行った。大刀全体の実測図の作成に際しては、あらかじめ計測した字間の計測値に基づいて縮小した文字の実測図を配列して作成した文字列と、これに拡大した大刀の実測図を合成して作成した。つまり、この調査では、象嵌の銘文それ自体をモノとして捉え、文字間の計測が行われたのである。その結果、銘文中に登場する人名のなかで、「獲□□□鹵大王」（雄略天皇）の文字よりも銘文の書き手である「張安」の文字の方が大きく書かれているという新知見が提示されたのである。

　以上の調査の結果は、東京国立博物館編『江田船山古墳出土国宝銀象嵌銘文大刀』（吉川弘文館、1993 年）という形で修理報告書としてまとめられ、公表された。

　この事例については、資料と予算に恵まれている東博だからできたのではないかという見方がなされるかもしれない。しかし、本章でこの事例を取り上げた意図は、博物館資料の調査研究を十分に行わずして、修復という業務はスムーズになし得ないことを指摘したかったのである。博物館における調査研究という営みを通して、心ゆくまで資料を観察していたいという気持ちは、学芸員であれば、誰もが抱く偽らざる気持ちであろう。しかし、それが現実に難しいのであれば、ほかの業務と関連づける形で調査研究を行えばよいのである。否、そうでなくてはならない。

　以上、資料の修復と調査研究とのかかわりについて述べた。この場合、資料の保管の前提となる修復を効果的に行うために、資料の調査研究が重要であることを確認できたが、同様なことは、資料の収集や展示、教育普及事業を行う際にもいえることであろう。そういった意味では、調査研究が博物館の諸活動を支える基盤となるのである。

　さて、人間文化研究機構に属する国立歴史民俗博物館（以下、歴博と略称）は、大学共同利用機関として大学を中心とする国内外の研究者とともに共同研究を行いその成果を展示で公開している。

　歴博では、「博物館型研究統合」という理念を打ち出している（図7.2）。「歴博のめざすもの」を参照すると、「博物館型研究統合」とは、〈資源〉・〈研究〉・〈展示〉という3つの要素を有機的に連鎖させ、さらにそれらの要素を国内外の幅広い人びとと〈共有・公開〉することにより、博物館という形態をもつ大学共同利用機関の特徴を最大限に活かした研究を推進することであるという。そして、研究資源を収集・研究して発信し、新しい研究方法を開発し、学界や社会に議論を巻き起こすことを図っている。

　歴博の研究に関する基本方針については、共同研究が原則であり、人間文化研究機構基幹研究プロジェクト、基幹研究、基盤研究（課題設定型・館蔵資料型・歴博研究映像）、共同利用型研究（館蔵資料利用型・分析機器設備利用型）、機構間連携・異分野連携研究プロジェクトなどに分かれている。共同研究の企画立案の場において研究部の主体性や共同利用性が確保されており、共同研究を実施する際には内外に公募を行い、外部の研究者を積極的に参加させている。外部の研究者が主体となる共同研究もある。共同研究のスタイルとしては、研究会の開催だけではなく、フィールドワークや展示場なども活用している。また、共同研究間の交流の促進にも努めており、ほかの研究機関との共同研究も進めている。

　そのこと自体にはまったく異論はない。ただ、改めて確認すべきことがある。歴博に限らず、歴史民俗系の博物館の場合、歴史資料（史料よりも幅広い概念、史料をモノとして捉えた概念）の研究がすべての出発点であるというこ

とだ。歴博の場合、ホームページを参照するだけでも多彩な共同研究が進行していることが確認できるが、それらの研究のなかには、その成果がどのような形で展示として結実するのか、率直にいってわかりにくいものもある。

　しかしながら、博物館がもつ歴史文化資料を多様な形で分析研究するための学問として、歴博が「総合資料学」を提唱し、メタ資料学研究センターが配置されている点は重要である。そこでは資料を分野を超えた視点から統合的に分析することで高度な共同利用・共同研究へと発展させることを目指している。

図 7.2　博物館型研究統合のイメージ（註 10 の URL より）

　なお、地方自治体の公立博物館においても、企画展開催の前提として共同研究に十分な時間をとって取り組んでいる事例がある。島根県の場合、島根県立古代出雲歴史博物館で開催される企画展に先立ち、準備研究が 3 年間、島根県古代文化センターで実施されることになっている。その際に担当者となった同センターの研究員は、外部の研究者のなかから客員研究員を委嘱し、共同研究を組織する。任期制の特任研究員を有期雇用で採用する場合もある。3 年後、担当者である研究員は古代出雲歴史博物館へと異動し、企画展の担当学芸員として展覧会業務を遂行する。

　企画展の開催に際しては図録が作成されるが、それとは別にテーマ研究の成果として研究報告書も刊行される。企画展は、1 年間に 2 本のペースで開催される。つまり、古代出雲歴史博物館で開催される企画展に向けて毎年 2 本ずつ新しいテーマ研究が立ち上がる。

3. 調査研究を活かした展示とは

　では、調査研究を活かした展示はどのような形で進められるべきなのか。

　近年、博物館の展示について、従来よりも「わかりやすさ」「おもしろさ」「五感に訴える展示」「感動を与える展示」であることが求められている。そのこと自体は、何ら否定すべきことではない。むしろそうあるべきである。しかし、「難しい研究成果を語るよりもおもしろくてわかりやすい展示をやれ」という言い方はきわめて短絡的である。「おもしろくてわかりやすい展示」をするためには、前提として資料に対する調査研究が必要である。

　この点について出光美術館を事例に考えてみたい。出光美術館では、2004年（平成16）から3年間、東京文化財研究所と合同で、『伴大納言絵巻』上・中・下の3巻すべてについて、非破壊・非接触による材質調査を実施した。具体的には、高精細デジタル画像撮影や蛍光X線分析などの光学的調査である。[11]これらの調査により、膨大な画像およびデータを入手することができ、彩色や顔料などいろいろな発見があったという。

　まず、判明したことは、絵師の完璧な表現力である。現存している『伴大納言絵巻』は全画面に巻いた時にできる皺があり、肉眼では描線との区別がつきにくい。しかし、今回赤外線を用いた光学的調査によって皺を目立たなくさせることに成功したのである。そうすることにより、絵巻の描線をはっきりと確認できたが、驚くべき事実が判明する。461名の登場人物を、絵師は下描きをせずに一気に描き上げていた。このことにより宮廷絵師の凄さが浮かび上がってきたのである。

　次に判明したことは、『伴大納言絵巻』は、色彩豊かな絵巻だったという事実である。現状では肉眼では人物にあまり彩色を確認できないが、光学的調査で絵の具がかなり剥落していたことが判明した。このことにより、「源氏物語絵巻に比べ、彩色がなく描線でその動作を生き生きと表現しているところにこの作品の特徴がある」とする評価は再検討を迫られることになった。

　3 番目にわかった事実としては、身分によって顔料を使い分けしていたことである。すなわち、天皇や大臣には鉛白を用い、それ以下は白土であった。鉛白の方が、白土に比べてきめ細かく光沢のある顔色となる。つまり上品な顔立ちになるのである。このような点を踏まえ、上巻の巻末に後ろ姿で立ち、燃えさかる応天門を見つめる人物を確認すると、それは白土なので大臣ではないことになる。とすれば、近年の解釈どおり伴善男ということになる。

　4 番目に判明したことは、この絵巻の絵師は、建物の表現は苦手だったらしいということである。朱雀門や清涼殿を描く際に描き直しをしていたことが確認できたからである。

　5 番目に判明したことは、上巻の 13 紙目と 14 紙目が不連続であるという事実が確認できた点である。この部分は、伴善男が仁寿殿を見つめている後ろ姿である。伴大納言の左にのびた裾の途中で、13 紙目と 14 紙目の継ぎ目になるが、色が変わっている。この間には、実は失われた紙が存在し、それを切断して左側を描き足したものを継いだ可能性が高いのである。そこに何が描かれていたのか。謎が深まったのである。

　出光美術館は、このような調査研究の成果を踏まえ、2006 年（平成 18）10 月 7 日〜11 月 5 日にかけて、「国宝伴大納言絵巻―新たな発見、深まる謎―」展を開催した。この展覧会では、『伴大納言絵巻』上・中・下巻を最初から最後まですべて公開したが、その際に、絵巻そのものだけではなく、高精細画像の超拡大パネルを展示室に多数並べたのである。来館者は、それをながめながら、出光美術館が進めてきた『伴大納言絵巻』の総合的研究のプロセスを理解できる。そのうえで、改めて展示ケース越しに『伴大納言絵巻』を見ることになる。

　この出光美術館の展示から学ぶべきことは、調査研究の成果のみを解説するのではなく、調査研究の素材である高精細画像をパネルの形で提示することにより、来館者が美術館の研究を追体験できる環境を調えたことである。そのことにより、来館者に対して資料研究のおもしろさが伝わってくるのである。

　さて、特に歴史系博物館の展示にいえることだが、学芸員を含めた展示にか

かかわる研究者のなかで研究成果を反映しようとするあまり、研究成果を証拠立てるものとして資料を展示する場合が多い。その場合、来館者は資料を特定の視点で見ることしかできない。展示を担当した研究者によって、特定の方向に誘導されてしまうのである。極端な場合、個々の資料の来歴がまったく考慮されないままに資料が展示室に並ぶことになる。

　例えば、寛永文化をテーマとする展示を博物館もしくは美術館で開催することになったと仮定しよう。その場合、寛永文化の華やかさの一例として、ファッションを取り上げ、メダイを展示することになったとする。担当学芸員は、自分自身の館にそれがないので、東博からそれを借りることにした。東博にはキリシタン関係の遺品のコレクションが充実している。

　しかし、ここで想起すべきは、これらの遺品の多くが、長崎奉行所の旧蔵品であるという来歴をもっていることである。つまり、キリスト教禁制下においてキリシタンが身につけていたものなのである。このような来歴を考慮せずに寛永文化のファッションを語る文脈で展示することは、はたして正しいことなのか、この点については再考してみる必要があるだろう。

　資料がどのような形で伝えられてきたのか、この点を無視して展示することは、モノとしての資料がもっているさまざまな情報や可能性を潰してしまうことになる。そういった意味では、歴史系博物館だけではなく、美術館にしても自然系の博物館にしても、自己の専門領域の研究者だけを意識するのではなく、他の分野も意識して研究や展示を行うべきである。館種を超えた連携も求められる。

　この点で注目すべきは、2005 年に国立科学博物館で開催された特別展「縄文 VS 弥生」である。この展覧会では、国立科学博物館の人類学の研究者と国立歴史民俗博物館の考古学の研究者が共同で縄文文化と弥生文化の徹底的な比較を行った成果が展示された。

　弥生文化を作ったのは、以前から日本列島にいた縄文人の子孫（在来系弥生人）なのか。それとも大陸からやってきた人びとの子孫（渡来系弥生人）なのか。こういった「謎解き」には、人類学的アプローチと考古学的アプローチの

両方が必要となる。結果として、イベント体験コーナーにおいても、自分自身が縄文人や弥生人の特徴をどの程度もっているのか考察できるチェックシートが用意されるなど、従来の歴史系博物館の展示とは一味違った内容となっている。

4.　展示以外の情報発信

　博物館における調査研究の成果は、展示だけではなくさまざまな手段で公開される。このうち、来館者の目に一番、触れやすいのが企画展や特別展の図録（カタログ）である。そこには、展示ストーリーや列品解説と並んで学芸員や展覧会のテーマにかかわる研究者の論文が掲載される場合もある。

　展覧会の図録については、かつて、日本と欧米とでは、大きな違いがあるとされてきた。すなわち、日本の図録が、一点一点の作品を見せることに重点を置いているのに対し、欧米の図録は作品の写真はあくまでも挿絵扱いであり、キュレーターの研究成果が重厚な論文として掲載されている学術書であるという指摘である。[12]

　また、展覧会の図録は、欧米では ISBN の番号が付された書籍であるのに対し、日本では ISBN の番号がない「灰色文献」であり、展覧会の会場である博物館でしか販売されず、市場どころか図書館にも保管されることはなかったとも指摘されていた。[13] 近年はそのような状況は変化しつつある。博物館の図録にも ISBN の番号が付され、書店に並ぶようになった。そのなかには、例えば、滋賀県の長浜城歴史博物館の2003年の企画展の図録である『神になった秀吉─秀吉人気の秘密を探る─』のように B5 変形判の一般書籍に近いものまで現れている。同館はこのサイズの図録を多数刊行している。

　展覧会の図録には、学芸員や博物館に関係する研究者の論文だけではなく、その展覧会の開催に先立つ研究の過程において学芸員が入手したデータが掲載されている場合もある。

　例えば島根県立古代出雲歴史博物館において、2020年に開催された企画展

図 7.3　古代出雲歴史博物館における『日本書紀』写本の展示（独立ケースに写本を展示し、壁面には写本のすべての頁を拡大パネルにして掲示している。写真提供：吉永壮志氏）

　「編纂1300年　日本書紀と出雲」では、「逸品展示」として『日本書紀』の向日神社本と内神社本が展示されたが、図録にはこの2つの『日本書紀』の写本の写真が全ページにわたって掲載された（図7.3）。これについては、「マニアック過ぎる」という見方もできるが、従来、この2つの写本は影印本や写真版の形ではまったく公開されていなかったわけであり、写本に接する機会に恵まれない研究者にとっては大変ありがたいことであった。図録が一般市民にとって親しまれる内容でなければならないことはいうまでもないが、時にはバランス感覚をもって柔軟に対応しなくてはならない時もある。

　とはいっても、図録では限られたスペースのなかで、画像を細部にわたって掲載することは難しい。また学芸員の研究成果についても文字どおりわかりやすくエッセンスを掲載するだけで精一杯といった限界もある。この限界を克服するといった意味で、企画展や特別展が終了した後に大型の図録が制作される

ことがある。

　例えば、1987 年に大阪市立博物館で開催された特別展「社寺参詣曼荼羅」展は、おもな参詣曼荼羅を集め、社寺参詣の実像に迫った画期的な展覧会であった。その成果は、大型図録としてまとめられ、参詣曼荼羅研究の基本資料となった。このように、大型図録は、展覧会の成果が展覧会の会期終了後も多くの研究者やそのテーマに関心をもつ市民に共有されるというメリットがある。今後の研究の出発点ともなり得る。

　近年では大型図録だけでなく、ネット上で館蔵資料を積極的に公開し、そのなかで学芸員の研究成果を情報発信している事例もある。例えば、兵庫県立歴史博物館のホームページのデジタルミュージアムにアクセスすると、「解説！源平合戦図屏風」というコンテンツが出てくる。そこでは屏風に記された 9 つのエピソードについて拡大して見ることができるようになっており、それぞれに解説がなされる。また、源氏方と平家方の主要人物を拡大して見ることができ、そこにもそれぞれ解説が施されている。さらには屏風に描かれた場面がどこまで真実を伝えているのか、こういった点について同じく拡大図を見せながら具体的に解説する形となっている。

　ユーザーは、このコンテンツを使って、「源平合戦図屏風」について細部にわたり鑑賞することができるが、その前提となる解説には学芸員の基礎的研究の成果が盛り込まれている。従来、博物館や美術館の学芸員の研究成果については、研究紀要や報告書の形で発表される場合が多かった。モノとしての資料の基礎的研究の第一歩は資料に対する観察である。ただ、学芸員がどのような視点でモノを観察してどのような結論を導き出したのか、こういった点については、印刷物で示すだけでは伝えにくい場合が多い。このような時には、デジタルによる情報発信が有効である。もちろん、その際に著作権などクリアーすべき問題があることはいうまでもない。

　展示以外の情報発信の際に留意すべき点として、もう 1 つ指摘しておくべきことがある。それは調査研究の成果として結論だけを提示しないことである。結論に至るプロセス、特に研究に使用した資料についても可能な限り公開する

ことが求められる。

　具体的には、調査研究の過程で蓄積されたデータ、あるいは学芸員が参照した論文のコピー、写真、さらには展覧会で使用した解説パネルなども含めて、保管し、必要に応じて来館者に公開する必要がある。展覧会が終われば、解説パネルは展示担当者にとっては用済みである。しかし、そこに盛り込まれた研究成果は、その後も博物館の利用者にとって有益な情報をもたらす資料となり得る。そこで、それらを保管するスペースとしての資料室が必要となる。東博の資料館を含め、各博物館には図書室が整備され、参考図書が並んでいる。しかし、それらの多くはあくまでも来館者に対する研究への誘いに過ぎず、本当の意味で興味をもっている研究にアクセスできる状態となっていないのではないか。

　ここで想起すべきは調査研究活動を含めた博物館の主要活動がすべて社会に向かってひらかれているとする髙橋修の指摘である。髙橋が説くように古文書の所在は、一般市民から情報がもたらされることが多い。裏を返せば、博物館が調査研究によって蓄積した情報が、可能な限り開示されなくては市民に開かれた博物館とはいえない。もちろん、個人情報など情報公開に際し、留意すべき問題を含んでいるものもある。

　しかし、来館者が利用可能な研究環境を博物館が調えることによって、地域住民を含めた博物館の利用者との共同研究が可能となる。その場合、学芸員は、コーディネーターとしての役割を果たすこともともめられるのである。

註
（1）本章では、博物館法の規定に従って、「博物館資料」という言い方を用いる。しかし、現実の学芸業務のなかでは、美術館の学芸員は「作品」という言い方をするのが一般的である。自然系の博物館や大学博物館では「標本」と称する場合もある。社寺の宝物は、「神宝」や「寺宝」という言い方をする。TPO に応じた使い分けが必要である。
（2）鶴田総一郎　1956「博物館学総論」日本博物館学協会編『博物館学入門』理想社。
（3）宮本馨太郎　1964「人文系博物館の研究調査活動について」『第 2 回学芸員研修会講演集』日本博物館協会。

（4）千地万造 1978「博物館における調査・研究」『博物館学講座 5　調査・研究と資料の収集』雄山閣出版。

（5）倉田公裕 1979『博物館学』東京堂出版。

（6）鷹野光行 2001「調査研究活動の目的と意義」『新版博物館学講座 6　博物館調査研究法』雄山閣出版。

（7）大堀哲 2012「調査研究の内容・方法・カテゴリー」『博物館学Ⅰ　博物館概論・博物館資料論』学文社。

（8）鶴田、註（2）前掲書。

（9）金山喜昭 1996「博物館資料調査研究論（試論）」『博物館学雑誌』21-2。

（10）国立歴史民俗博物館ホームページ「歴博のめざすもの」
https://www.rekihaku.ac.jp より 2023 年 9 月 8 日取得。

（11）黒田泰三・早川泰弘・城野誠治 2009『国宝伴大納言絵巻』中央公論美術出版。

（12）清水敏男 2003「カタログ制作の現場から」『展覧会カタログの愉しみ』東京大学出版会。

（13）今橋映子「展覧会カタログとは何か」、註（12）前掲書所収。

（14）平野邦雄 2013『わたしの「昭和」―ある歴史学徒の「追体験」』平凡社。

（15）髙橋修 2022「調査研究論」『ビジュアル博物館学 Basic』人言洞。

（森田喜久男）

第8章　博物館の学習支援と情報メディア活動

　人は生涯にわたり、学び続ける生物である。近年、博物館は人びとの好奇心や興味関心に寄り添い、その学びを支援しながら多様な人びとからなる「人の輪」を築く場となっている。この「人の輪」は一日してならずで、博物館は日頃から創意工夫を凝らした教育プログラムをはじめ、デジタル媒体も含めたアウトリーチ活動を進めることで、多くの人を「人の輪」に呼び込み、各人のウェルビーイングを向上させていく必要がある。本章では、この一連の動きを具体例からみていきたい。

1.　博物館における学習支援とコミュニケーション

（1）博物館と「人の輪」

　21世紀現在、博物館は社会から何を求められているのだろうか。2022年に更新されたICOMの博物館の定義では、博物館が資料の収集や保存、調査研究や展示といった機能を基盤にしつつ、誰もが利用と参加ができて、コミュニティで活動し、教育や愉しみ、物事を深く考える機会を提供していく場であると示されている。これは現在の日本の博物館の姿とどの程度一致するだろうか。従来の教育普及・学習支援活動は、学校と博物館の連携を促すこと、幅広い年代に向けた講座やワークショップなどを実施することに重きが置かれ、その主目的は「博物館そのものや資料に関する情報を知ってもらい、来館してもらう」ことであった。しかしICOMの博物館定義にあるように、今後は博物館を人びとに単に知ってもらうだけでは不十分である。知識を「共有する」場を

提供して、人びとが集い、考え、学習し、発信するような場、すなわち「人の輪」を築いていくことが求められている。

そのためには、博物館にあるコレクションや人材といった資源に関する情報、学習支援の方法など、そもそも何ができる場所なのかといったコンテンツを丁寧にかつ広く発信していく必要がある。これがまさに現代の博物館に求められるコミュニケーションである。このコミュニケーションを上手につむぎ、人びととコミュニティに長期的でポジティブな効果を博物館が及ぼすことに成功している北アイルランドの事例を紹介したい。

（2）来られない人びとに博物館を開く：北アイルランドの事例

英国の博物館協会（Museum Association、以下 MA と略す）は 1889 年に世界で最初に設立された。現在の MA は 2012 年に、基本方針の一つとして"ミュージアムは人生を変える"（Museums Change Lives）という理念を提示した。これは博物館を活用すれば、個人やコミュニティに対してポジティブなインパクト＝よい影響力を長期間にわたりもち、人びとのウェルビーイング（心身ともに健康でよく生きること）の維持向上に貢献できるという考え方から生まれ、現在に至るまで継続的に取り組まれてきた。

ここで紹介したいのは 2020 年度に MA と北アイルランドのミュージアム・カウンシルが連携して取り組んだ"よく生きる"（Live Well）プログラムである。北アイルランドには 43 の認証ミュージアムがあり、各地域に深く関わり、北アイルランドをより住みやすく、働きやすく、訪れたくなる場所にするために貢献してきたという[1]。

このプログラムの目標は、日常的にミュージアムを訪れない人びとにアウトリーチし、社会的な関わりを生むことで人びとが生き生きと年齢を重ねることや新たな学習支援をすることであった。100 以上ものグループが 6 週間にわたるアウトリーチ・プログラムを楽しみ、このうちの 5 週間はコミュニティで過ごし、1 週間は博物館見学にあてられた。

このプログラムの核は、「コレクションと創造性」と「意欲的な参画」にあっ

た。各グループが探求したいコレクションを選び、触れ合うことで自身も気づかなかった興味関心をみつけるきっかけになったという。対象としたテーマはヴィジュアルアーツ（地元やルネサンスの芸術家）から歴史（ジョージ朝など）、郷土史、伝統、季節の習慣などであった。テーマの関連資料をコレクションから選び、参加者はそれを手に取ったり、伝統的あるいは現代的な造形活動をしたり、回想したり、音楽やドラマにも取り組んだ。とりわけウェルビーイングのための５つの方法「継続的な学習、つながること、気づいていくこと、積極的でいて、ほかに与えていくこと」を重視して取り組んだという。参加者はプログラムを通して新しい物事を知り、達成したことに誇りをもち、自信を高め、貢献できたと感じたそうだ。グループ同士が知り合えたこと、そこで過ごした時間について家族や友人に話したことで、より多くの人びとににこのプログラムの影響をもたらすことができた。

　これは海外事例ではあるが日本の博物館でも実現可能なものであり、類似するプログラムもすでにある。文化庁は「誰にもやさしい博物館づくり事業：高齢者対応」と記した文書を 2006 年に公表し、2019 年には群馬県立自然史博物館が「地域回想法」を生かした高齢者向け解説ツアーを始めた。2022 年 7 月には東京都美術館主催で「だれもが文化でつながる国際会議」が開かれ、分科会「セッション 1　ミュージアムが健康を作る場に─超高齢社会」のなかで「社会的処方」が議論された。これらの動きをみても、北アイルランドの事例は日本と同じ方向性であり、これからの博物館の在り方を示唆している。

（3）博物館は「モノ」を介して「ヒト」を世界につなぐ

　このような取り組みを固有のコレクションを持ち、多様な歴史的背景や地域性、特徴、立地条件などをもった博物館がよりよい学習支援を行うための 3 つのポイントを示したい。

① 対象者の発達段階や年齢層をふまえる

　博物館は老若男女問わず開かれた場所であり、決まった時間に特定の年齢層の人が集まることはまずない。自館の来館者層はどの世代が多いのか、彼らは

博物館のなかでどのような行動をとっているのか。例えば小学生と幼児の子連れの家族の場合、どのようなプログラムが望まれるだろうか。高齢者の趣味仲間がやってきた時はどうだろうか。

　教育プログラムや学習支援活動を企画する時には、その参加者のニーズを丁寧に汲み取ることが大切である。すべての人のニーズを満たすことは不可能だが、さまざまな人の「やってみたいこと」を引き出す「きっかけ」となる素材やプログラムを準備しておきたい。

② 個人差をふまえる：知識量、学習経験、経験、興味関心

　年齢も背景も異なる人びとに向けた学習支援であるからこそ、大切なポイントは「個人差をふまえる」姿勢である。人びとの興味関心や知識量が千差万別であることは想像に難くない。ゆえに包括的な学習（Inclusive Learning）の場となることを博物館側は認識しておくことが望まれる。

　北アイルランドの報告書でも「包括的な学習モデルは人々の既存の知識を活用する。そうすることでより質の高い教育的な経験となり、参加者の自尊心とウェルビーイングが高まり、グループ内でのつながりも強化できる[2]」とある。人によって博物館利用の動機や興味関心に違いがあること、それを汲んだうえで学習支援を組み立て、コミュニケーションを図ることが望まれている。

③ 多様性をふまえる：歴史や文化、宗教、コミュニティ、職業

　博物館を利用する人びとの多様化が日本でも進んでいる。文化庁を中心に博物館を観光資源の一つとしてみなす動きから、外国人観光客に向けた公式サイトや展示解説などの多言語化が進められている。さらには、日本語を母語としない文化歴史的背景が異なる人びとが博物館を見学した際の不自由さを解消していくことも必要である。

　このような「多様性」のなかには少数ではあっても切実な人びとの声も含まれる。2022 年に東京国立博物館では「センサリーマップ」を制作し公開した[3]。センサリーマップとは「感覚が過敏な方でも安心してお過ごしいただけるように、光や音などの感覚情報を表したマップ」である。音や光などが気になる人たちが安心して観覧できるように特別なマップが用意された。博物館は多様な

人を受け入れる開かれた場所であるからこそ、利用者の小さな声にも耳を傾けて改善を続けていくことで、より多くの人びとを受け入れる「人の輪」のプラットホームとなっていくであろう。

2. 博物館と人びとをつなぐプログラム

本節ではより多くの人びとに博物館を利用し、楽しみ、学んでもらうためのさまざまな取り組みを国内外の事例でみていきたい。ここではリアルな博物館の現場で実施されているプログラムや取り組みを対象層ごとに紹介していく。

（1）乳幼児向け（東京おもちゃ美術館）

日本では珍しい、NPO が運営する東京おもちゃ美術館を取り上げたい。この美術館は認定 NPO 法人「芸術と遊び創造協会」が 2008 年に前年に閉校した新宿区四谷第四小学校をリフォームしてオープンした。

「あそぶ（実際に触れて遊ぶ）、つくる（工作にも力を入れ、手仕事を大切にする文化を育みます）、であう（おもちゃ学芸員が、遊びと人との出会いを演出します）」という 3 つの特徴を持っている。2 階「おもちゃのもり」をはじめ、基本的にこの美術館のなかにあるものは自由に手に取って遊ぶことができる。ほかにも「きかくてんじしつ」や「グッド・トイてんじしつ」といった所蔵するおもちゃをテーマに沿ってみることもできる。次にこの館の 0～2 歳以下の乳児に向けの取り組みをみていきたい。

まだ歩けない年齢の子どもたちに開放されているのが「赤ちゃんの木育ひろば」（図 8.1）で、ここは 0～2 歳の乳児とその保護者に利用が限定されている。3 歳以上の子どもは安全性を考慮して入ることができない。そして感染症対策も含めて、「赤ちゃんの木育ひろば」は事前予約制で 1 時間のみ利用できるシステムとなっている。ほかの部屋の利用は自由なので、この部屋では利用者人数を限定して、親子で安心して遊ぶことができる（2023 年 9 月現在）。

東京おもちゃ美術館は、乳幼児を含めた全世代に向けて運営され、とりわけ

図 8.1　赤ちゃんの木育ひろば（東京おもちゃ美術館提供）

2歳以下の乳児にもひらかれたミュージアムであり、本物のおもちゃに触れて遊ぶことで五感を使って感性を高めることができる。利用者に安心と安全を提供しているところも大切なポイントであろう。

（2）小学生向け（美濃加茂市民ミュージアム）

　小学校が博物館との連携が最も盛んという事実は万国共通である。遠足や社会科見学といった既存の校外学習の枠組で子供たちを引率できること、教科担任制ではないため学年ごとに動くことが比較的容易であることなどがその要因である。ここでは明確なポリシーを掲げながら博学連携を実現している岐阜県の美濃加茂市民ミュージアム（2000年開館）の学校連携事業を見ていきたい。

　美濃加茂市民ミュージアムでは小学校3年生の社会科「わたしたちのまちみんなのまち」と3年生理科「こん虫を育てよう」の2つの単元に沿ったプログラムを提供している（図8.2）。その具体的な内容は以下のとおりである。

　　自分たちの住む美濃加茂市の地形や土地利用の様子、公共施設の場所と

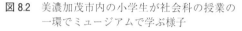
図 8.2　美濃加茂市内の小学生が社会科の授業の
　　　　一環でミュージアムで学ぶ様子

働きについて航空写真やタワーからの観察、みのかもすごろくなどで理解
を深めていきます。また、学校で学習した「チョウの体のつくり」に関
わって文化の森が所蔵する昆虫標本をつかって、昆虫のからだのつくりを
じっくり観察することもできます。

　美濃加茂市のみならず全国の小学校 3・4 年生の多くが、社会で地域の様子
や昔の暮らしについて学ぶ際に地元の郷土資料館や博物館を利用する実態があ
る。ところが、その利用の際に博物館側が提供する教材やプログラムが学校側
のニーズに適合しているのか、検証されていないケースも少なくない。子ども
たちは見学を通して何を理解したのか、ほとんど記憶に残っていないのかな
ど、今一度丁寧な検証が必要であろう。

　美濃加茂市の事例をみると、地域の地形や土地利用を航空写真を見たり同じ
敷地にある展望タワーから実際に町を見下ろしたりすることで確認できる。こ
れはまさに 3 年生が社会科で学ぶ地図の見方とそこからわかる情報＝地形や土
地利用と直接つながっている。すごろくも美濃加茂市の地域の特徴が理解でき
る内容となっており、子どもたちは遊びを通して、改めて地元について学習す
る機会となっている。

　このように見学プログラムと教材が学校の単元に合わせて準備できているこ

とは、学校と博物館の連携が密であることの証左だろう。常設展示室に合わせて作った見学シートを子どもたちに単にやらせるのではなく、3・4年生は何を学ぶために来館したのか、先生方はこれまでの授業展開や事後指導の内容といったことを先生と館側の双方が理解して、学校団体の受け入れを進めることが本来の連携の姿であろう。

　日本の博物館は多くの小学校団体を受け入れてきた。しかしながら、子どもたちのみならず、先生に主体的に博物館利用にかかわってもらうことに成功した事例は多くない。学校現場は忙しく、単発的な校外学習のために長時間を割くことができないなど、さまざまな事情は存在する。ワークシートも先生が自作することは難しく、館が用意したものがそのまま使われることも多い。しかし、美濃加茂市ではきちんと「先生も主体となる学校利用」を実践している。これは他館も見習うべき姿勢であり、小学校の先生方にも博物館活用方法の理解を促していくことが不可欠である。美濃加茂市民ミュージアムでは、学校受け入れに際し、総務係、学芸係、学習担当、学習支援ボランティアとさまざまなスタッフがかかわっている。今後はこのような丁寧に作りこまれた博学連携が増えていくことを期待したい。

（3）中学生・高校生向けのプログラム

　ティーネージャーと呼ばれる、13歳から19歳までのおもに中学生と高校生は博物館に最も来ない年齢層ともいわれており、この現象は世界各地で見受けられる。世界中の館がこの「博物館離れ」を起こす年代に向けていかに博物館を有効に活用してもらうか方法を考え、日々、試行錯誤している。例えば、この年代特有の価値観や嗜好と向き合った独自のプログラムは"Teens"という名称で、米国ではメトロポリタン美術館やボストン美術館などで実践されている。[4]

　ここでは米国ニューヨークにあるメトロポリタン美術館におけるティーンズ・プログラムを具体例としてみていこう。2023年9月現在実施されているプログラムは：Teen Event（13～18歳）、Teen Fridays（15～18歳）、Art Explore（12〜14 歳）、Teen Studio（15〜18 歳）、Saturday Sketching（12〜18歳）、Career Labs（15〜18歳）、Summer Programs（11〜18歳）である。

　この中から Teen Fridays（ティーンの金曜日）のプログラムをみていきたい。これは毎月 1〜2 回、金曜日の 16 時半〜18 時半に仲間と一緒にスナックをつまみながらアート活動したり、音楽を聞いたり、新しい仲間と話したり、アーティストと交流するもので同年代によって企画されている。グレイ財団（Gray Foundation）がスポンサーとなっている。このイベントではオープンであること、自由であること、無料でありお腹も満たせるところを大切にしている。そして自分と同年代の似ている・違うタイプの仲間と出会って、クリエイティブな時間を過ごそうと呼びかけている。普段、美術館は自分とは無関係の場所と捉えている若者に足を運んでもらい、そこで同年代が企画したアクティビティに参加して「いいね！また来てみよう」という気持ちになってもらうことが狙いである。この年代が好む音楽をかけ、なじみのお菓子も用意して、クールなアート活動を組み込み、オープンスタジオでは自分なりの表現方法を模索して何かを作って表現してもらうという特別な金曜日を展開している。

　こうした「くだけた」姿勢で若者と向き合う博物館は日本にあるだろうか。日本の場合、中学・高校生は、放課後を部活や塾、ショッピングセンターなどで友人たちと過ごすことが多いようで、図書館に行くことはあっても入館料のかかる博物館に足を運ぶことは少ない傾向にある。メトロポリタン美術館の事例のように「学校」や「部活」といった枠にとらわれることなく、若者たちの自由な発想や感覚を美術館スタッフやアーティストは否定することなく受け止め、仲間づくりや居場所づくりを支援し、社会のなかに彼らのための居場所を作ることが重要である。若者の「人の輪」作りである。こうした博物館が増えていけば、もっと多くの日本の若者も博物館や美術館に足を向けるのではないか。そのためにできることはたくさんある。

（4）特別支援学校向けプログラム

　インクルーシブな博物館を目指すのであれば、特別支援学校などもその対象

である。特別支援学校向けのプログラムの開発は近年、進みつつあり、その利用も拡大しているが、まだ遅々とした歩みである。そのなかでも 2015 年から「移動水族館」事業を始めた東京都の葛西臨海水族園の例を紹介したい。

　葛西臨海水族園の「移動水族館」とは、専用トラック「うみくる号」とワゴン車「いそくる号」という、海の生き物を水槽ごと運搬できるように改造された車両で出張するものである。サンゴ礁に暮らすカラフルな魚たちや東京湾の生き物をスタッフと一緒に観察したり触ったりすることができる。対象となるのは、東京都内（島しょを除く）で、①来園が難しい方々のいる特別支援学校、病院、社会福祉施設など（原則として、幼稚園、小中高等学校の普通学校や保育園などは対象外）、②教育を目的としたイベント（営利目的は対象外）である。

　この移動水族館には、ベッドの上で魚を目の前で観察できる特殊小型水槽なども準備されており、水槽の近くまで移動することが難しい人びとにも海の生き物をみてもらう工夫がなされている。移動が困難などの理由で水族館を利用できないのであれば、このように水族館側が工夫を凝らすことで、海の生き物を間近にみて、その姿から感銘を受けたり、それらの生態について知ることで地球環境問題について改めて考えたりと、人びとの世界をひろげることができる。こうした取り組みが広がることで、真の意味でユニバーサルな博物館がひろがっていくと考えられよう。

3.　博物館とデジタル・コンテンツ

　五感を使った学びを重視する博物館において、幅広いメディアの活用については、明治期から棚橋源太郎も「単に標品、模型、絵画ばかりでなく、幻燈や活動写真、映画の助けを借りることが極めて多い」と指摘しているように、その起源は古い。博物館へのデジタル技術の大規模な導入は、技術進歩もあり機材とインターネットの普及が進んだ 1990 年代後半から盛んになった。

　高橋信裕は博物館の視聴覚メディアの現状を次のように総括している。

　現代では、こうした視聴覚メディアの開発がコンピュータテクノロジーの進展によって、画像（静止画・動画）、音声等のマルチメディア化が可能となり、同時にアナログ形式からデジタルへの技術革新が記憶容量の飛躍的拡大およびデータ通信の超高速化をもたらし、加えて装置のハンディモバイル化と価格の大衆化が個々人の情報装備化を促進し、「いつでも、どこでも、誰にでも」の情報環境が、博物館展示の現場に新たな潮流をもたらしている。

　パソコンやスマートフォンなどの急速な普及があり、多くの人びとがデジタル・コンテンツに容易にアクセスできるようになった。さらに 2019 年末からの世界的な COVID-19 パンデミック（以下、コロナ禍）が発生し、感染拡大防止策である外出制限や一斉休校などの社会的な動きを受け、これまで限定的に利用されていたデジタルコンテンツが、一気に一般の人びとに広まった。これまでアナログで提供されていたものが、混乱もしたが短期間にデジタル化され、オンラインで提供できる形態に急激に変化したのである。

（1）博物館におけるデジタル・コンテンツとは

　博物館のデジタル・コンテンツは大きく分けて３つの形態に分かれる。1つ目は収蔵資料のデータベースの構築とその保存・運用であり、2つ目は実際の展示室で使われるデジタル・コンテンツ、そして3つ目は一般の利用者に向けたアウトリーチ・プログラムなどのオンライン・コンテンツである。

　1つ目の収蔵資料データベースについては、技術的な進歩もありデジタル・データベース化は国際的に進み、その情報共有も多くの館で取り組まれている。世界中どこからでもその資料にアクセスできるようになった。これは ICOM の博物館定義に示されている「知識共有」の基盤となる。また、現物資料が被災した場合にも画像データなどは残されるというメリットがある。

　しかしながら、そのデータベースをいかに有効活用していくのかについては、まだ議論の余地がある。博物館が提供する資料データベースは豊富に存在するが、それを使いこなす人はトレーニングを受けた専門家に限定されている

のが実情である。一般の人びとが活用するにはさらなる工夫が必要だろう。

　2つ目は博物館の展示室で使われる AR（オーギュメント・リアリティ）や VR（ヴァーチャル・リアリティ）、プロジェクション・マッピングなどのカメラやプロジェクターを導入したものなどがあげられる。各技術を上手に導入したコンテンツを開発することで、利用者に博物館の実物資料をよりリアルに五感で理解するきっかけを提供できる。

　例えば、東京国立博物館は長谷川等伯（1539～1610）の国宝「松林図屏風」を体感できるコーナーを 2017 年に公開している。このデジタル技術は大型屏風である「松林図屏風」を前知識なしに、五感を通して立体的に鑑賞することに主眼を置いて開発された。屏風の世界に入り込み、描かれた生き物たちや季節感に目を向けることで、屏風と向き合い楽しむことを促すコンテンツといえよう。残念ながらこれは期間限定の公開であったが、このような技術が企業と博物館で共同開発されることで、より多くの博物館でも導入可能な技術・機材開発が進み、デジタル技術を活用した展示が増えていくことが期待される。

　このほかにも国立歴史民俗博物館などにおいて、企画展示にデジタル・コンテンツを導入した例もある。鈴木卓司と平山亮は、食品や生物といった展示禁止物もデジタル技術を用いて疑似体験できることなどを利点としてあげつつ、これらの技術を実際に展示に導入する際の注意点として、展示コンテンツ作成に膨大な時間を要すること、多くの電子機器が必要となり不特定多数による利用を想定することから運営管理面の負担が大きいこと、起動・終了が速やかにできるシステムの開発、メンテナンスフリーで長時間安定的に動作すること、危機の不具合・故障があっても速やかに対応できることが館側に求められることを指摘している[7]。デジタル技術導入に伴う人的・経済的負担も見過ごせない。

　3つ目が一般の人びとに向けた博物館のコンテンツをオンラインで公開することで、これまで来館しなかった人びとにも博物館のことを知ってもらい、自宅にいながら展示室を VR で見学したり、通常は館内で提供されている学習支援プログラムを好きな場所と時間に体験できたりするようになった。これは既

存のアウトリーチ活動を大きく上回るアプローチ手段であり、革新的なことである。コロナ禍で博物館が閉ざされた時期に、オンラインで自分たちは社会に向けて何を発信できるのだろうかと考え、作成されたものが現在公開されているデジタル・コンテンツである。

（2）北海道博物館「おうちミュージアム」

2020年、コロナ禍で全国の学校や幼稚園が急遽休校した時期に、北海道博物館の学芸員が全国のミュージアムに呼びかけて、各館の提供するコンテンツをオンラインで公開してもらい、リンク集「おうちミュージアム」が作成された。参加したミュージアムは2023年9月の段階で240以上にわたり、北海道から沖縄まで全国各地の歴史系博物館、科学館、美術館などがコンテンツを提供している。

内容としては、各館の資料や展示を紹介する動画のほかに、自宅で印刷して作成することを前提としたすごろくやぬりえ、ペーパークラフトなどが目立つ。例えば、北海道博物館は「夜に飛ぶ動物を飛ばそう！」というペーパークラフトを公開している[(8)]（図8.3）。これは博物館の企画展示「夜の森」に合わせて実施された「はっけんイベント」用に開発されたものを転載している。

このペーパークラフトが主対象とする幼児から小学生ではなく、大学生にやってもらったところ、羽の角度や大きさを変えると、飛行距離にどのように変化するのか実験してみたという報告があった。このように想定された利用方法にさらに工夫を重ね、新たな活用方法を見出せるところは、自宅など博物館外で取り組めることのメリットかもしれない。

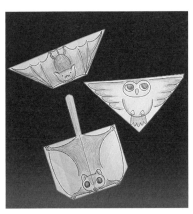

図8.3　北海道博物館「おうちミュージアム」のペーパークラフト（北海道博物館提供）

（3）オンラインとリアルコンテンツの併存と、そのさらなる発展に向けて

　従来の博物館におけるデジタル技術の在り方は、展示室のなかで博物館の資料をよりリアルに伝えるための手段とする事例が大半であった。しかし現在はメディアの活用も幅がひろがり、来館しなくとも博物館を活用してもらうことを可能にした。デジタル化が進むと実際の来館者が減少するのではないかという課題は以前から存在するが、今後はこの問いに対する答えを各館が真摯に示していく必要があろう。オンライン上の情報公開を継続しつつ、リアルな空間でもより魅力的に情報発信すること、つまり両者が共存共栄することが博物館には今後さらに求められていく。そしてデジタル技術を駆使しながら、リアルな「人の輪」も築いていく。このダイナミックな博物館の動きを今後も注視していきたい。

註

（1）Museum Association 2020「北アイルランドの実践事例」https://media.museumsassociation.org/app/uploads/2020/08/11085049/MCL-NI-2020.pdf
（2）Museum Association-Norther Ireland Live Well 事業報告 2019　https://www.tnlcommunityfund.org.uk/media/insights/documents/Live-Well-FINAL-Report-10.9.19.pdf?mtime=20191120172825&focal=none
（3）東京国立博物館　2023「センサリーマップ」https://www.tnm.jp/modules/r_free_page/index.php?id=2579
（4）メトロポリタン美術館 Teens プログラムサイト 2023　https://www.metmuseum.org/events/programs/teens
（5）棚橋源太郎 1930『目に訴へる教育機関』寶文館。
（6）高橋信裕 2021「5 章 ICT の発達がもたらす博物館展示の変化」若月憲夫編著『ミュージアム展示と情報発信』樹村房。
（7）鈴木卓司・平山亮 2022「博物館展示とデジタルコンテンツ」『システム / 制御 / 情報』Vol.77、No.7。
（8）北海道博物館おうちミュージアムホームページ「夜に飛ぶ動物を飛ばそう！」https://www.hm.pref.hokkaido.lg.jp/ouchi-museum/

（井上由佳）

第 Ⅲ 部

博物館と社会との協働・連携

第9章　社会教育に基づく博物館

　博物館は「社会教育施設である」あるいは「生涯学習の場である」といった言葉を聞いたことがある人もいるだろう。しかし、社会教育や生涯学習が何を意味し、なぜ必要とされているのかを改めて問う機会は少ない。そこで、本章では、社会教育、生涯教育／生涯学習の概念を整理しながら、博物館（教育）との関連について考察していくことにする。

1.　社会教育と博物館

（1）法体系に位置づけられる以前の社会教育と博物館

　「社会教育」（social education）とは、日本独自の用語であり、諸外国の言語に翻訳しても、その意味は通じにくい。社会教育という言葉自体は歴史をさかのぼれば、明治期から福沢諭吉や教育学者の山名次郎によって用いられていたが、類似する意味をもつ「通俗教育」とともに併用されていた。通俗教育については、社会風俗の改良を目的とし、学校教育以外の一般民衆を対象とする啓蒙的、教化的な教育活動を指していた。博物館との関係でいえば、1912年（大正元）に文部省通俗教育調査委員会の決議により、東京高等師範学校附属東京教育博物館（現在の国立科学博物館の前身）に対して、通俗教育に関する展示や講演会を行うように要請があり、通俗教育館が設置されている。通俗教育館には、日常生活に関係のある資料が集められ、一般大衆に対する実物資料による知識の普及や啓蒙の役割を果たしていた。その後、東京教育博物館は、東京高等師範学校の附属から独立し、文部省の所管となる。

　1921年（大正10）には、文部省官制改正により、「通俗教育」の用語が「社会教育」へと改変された。この後の博物館は、名実ともに社会教育にかかわる施設あるいは機関となっていく。前出の東京教育博物館（1921年に、東京博物館と改称する）においても、海外視察により通俗教育の重要性を理解した棚橋源太郎館長のもと、虎列拉病予防通俗展覧会に端を発する特別展覧会や付帯事業となる通俗講演会が行われていく。特別展覧会では、公衆衛生や生活改善といった日常生活に即した社会問題がテーマとなり、多くの衆目を集めたことからも、社会教育施設としての印象を強く植え付ける機会ともなった。東京以外の地域に、通俗を冠した博物館が複数生まれたのも特徴的である。大正期に入ってからの博物館は、草創期の社会教育行政担当者や教育学者による論考を中心として、社会教育施設としての評価を得ていた。同時に、東京教育博物館の特別展覧会にあっては、社会事業や社会政策を反映した教育的効果をもった施設としての位置づけを確立しつつあった。

　しかしながら、戦前期の通俗教育／社会教育については、思想善導や国民教化に関わっていったことに対しての批判的視点が生まれ、戦後の民主主義普及に影響を与えることになる。

（2）法令にみる社会教育施設としての博物館

　前述の民主主義普及にあたっては、1946年（昭和21）から米国教育使節団が来日し、戦後日本の教育の在り方を提言した。学校教育では、6・3・3・4制が導入され、社会教育の制度も含めた見直しが行われることになる。社会教育には民主主義の普及が求められ、1947年（昭和22）の教育基本法制定、1949年（昭和24）の社会教育法制定により、社会教育行政には法的根拠が与えられた。また、社会教育法制定後の1951年（昭和26）には、博物館法が制定されている。したがって、博物館法は、教育基本法──社会教育法の法体系に位置づけられている。

　社会教育法における社会教育の定義には、3つの意味が内包されている。第1に、学校の教育課程として行われる教育活動を除くこと。第2に、主として

青少年および成人を対象とすること。第3は、組織的な教育活動であること、である。学校教育以外の教育活動という規定からは、社会教育の範囲を広く設定する一方で、固有性や専門性がみえにくくなっているとの指摘も受けている。したがって、法令によって社会教育の内容が仔細に定義されるのではなく、社会教育の場における個別具体的な実践に着目することが重要になるとの指摘がなされている（笹井 2013）。

社会教育法
（社会教育の定義）
第二条　この法律において「社会教育」とは、学校教育法（昭和二十二年法律第二十六号）又は就学前の子どもに関する教育、保育等の総合的な提供の推進に関する法律（平成十八年法律第七十七号）に基づき、学校の教育課程として行われる教育活動を除き、主として青少年及び成人に対して行われる組織的な教育活動（体育及びレクリエーシヨンの活動を含む。）をいう。

　社会教育法の「親法」ともいえる教育基本法では、社会教育について以下のような規定がなされている。[2]

教育基本法
（社会教育）
第十二条　個人の要望や社会の要請にこたえ、社会において行われる教育は、国及び地方公共団体によって奨励されなければならない。
2　国及び地方公共団体は、図書館、博物館、公民館その他の社会教育施設の設置、学校の施設の利用、学習の機会及び情報の提供その他の適当な方法によって社会教育の振興に努めなければならない。

　「社会教育」の規定は、後出する同法の「生涯学習の理念」が、国が目指すべき価値を示す「理念規定」であるのに対して、実際に何をする教育であるのかを示す「実施規定」といわれている。
　ところで、博物館が社会教育施設であることの法的根拠は、社会教育法第9

条の規定にあり、博物館法第1条でも社会教育法の精神に基づくとの規定がある。しかし、博物館が「社会教育のための機関」とされたことについて、前出の棚橋は異存があったことを表明している。その背景には、博物館の認知度を高めるために社会教育に力を入れ過ぎたことへの自戒があったようである（棚橋・宮本 1962）。ただ、棚橋の言葉を額面どおりに受け取るのは、単純過ぎる。棚橋の自戒は、通俗教育時代の教化的な取り組みへの偏重を指すものであり、博物館がもつ学術研究や学校教育への役割が軽視されることへの危惧であろう。加えて、法体系によって社会教育施設と位置づけられることは、登録博物館制度を進めるうえで、障壁であると指摘されることもあった。しかしながら、社会教育のための機関として活動を行っていくこと自体が否定されているわけではない。重要なのは、法体系や制度上の課題と社会教育施設の活動実体とを混同しないことである。

社会教育法
（図書館及び博物館）
第九条　図書館及び博物館は、社会教育のための機関とする。
2　図書館及び博物館に関し必要な事項は、別に法律をもつて定める。

博物館法
（目的）
第一条　この法律は、社会教育法（昭和二十四年法律第二百七号）及び文化芸術基本法（平成十三年法律第百四十八号）の精神に基づき、博物館の設置及び運営に関して必要な事項を定め、その健全な発達を図り、もつて国民の教育、学術及び文化の発展に寄与することを目的とする。

　2022年（令和4）の博物館法一部改正にあたっては、文化芸術基本法の精神に基づく旨が加えられたことに対して、社会教育関係者から懸念が示された。具体的には、社会教育施設としての機能が後退するのではないかという指摘である。[3]法令文の解釈をめぐるやりとりではあるが、博物館が社会教育施設であ

るとはいかなる意味をもつのか、再考する必要があることを示唆する議論といえる。

（3）社会教育機関としての博物館活動の特性

　博物館が行う事業については、博物館法第3条の規定がある。このなかにある「教育活動その他の活動の機会を提供し及びその提供を奨励すること」は、2008年（平成20）の法改正で新たに規定された内容である。教育基本法の改正（2006年）により示された「生涯学習の理念」を前提としており、社会教育機関としての博物館で行われる学習とその成果を活用することが求められている。加えて、2022年（令和4）の博物館法の一部改正では第3項において、社会教育施設などとの連携を図り、地域の活力向上に努めることが追加されている。

博物館法

（博物館の事業）

第三条　博物館は、前条第一項に規定する目的を達成するため、おおむね次に掲げる事業を行う。

十　社会教育における学習の機会を利用して行つた学習の成果を活用して行う教育活動その他の活動の機会を提供し、及びその提供を奨励すること。

十二　学校、図書館、研究所、公民館等の教育、学術又は文化に関する諸施設と協力し、その活動を援助すること。

3　博物館は、第一項各号に掲げる事業の成果を活用するとともに、地方公共団体、学校、社会教育施設その他の関係機関及び民間団体と相互に連携を図りながら協力し、当該博物館が所在する地域における教育、学術及び文化の振興、文化観光（有形又は無形の文化的所産その他の文化に関する資源（以下この項において「文化資源」という。）の観覧、文化資源に関する体験活動その他の活動を通じて文化についての理解を深めることを目的とする観光をいう。）その他の活動の推進を図り、もつて地域の活力の向上に寄与するよう努めるものとする。

　では、博物館における学習の機会や学習成果を活用した教育活動とは、何を

指すのだろうか。さらには、社会教育施設との連携に関する現状はどうなっているのだろうか。まずは、前者の問いについて考えてみることにしよう。

　博物館特有の学習には、明確な学習意図を必要としない「展示を見る」行為をはじめとして、施設内外で開催する講座や教育プログラムへの参加など、幅広い学習機会がある。例えば、平塚市博物館の学芸員であった浜口哲一は、社会教育施設としての博物館で展開される活動について、得られた資料や情報が、出版物や展示などを通して市民の共有財産になっていく点に独自性を見出している（浜口 1987）。浜口が想定する活動の一例には、博物館を拠点にしたサークルや友の会といった団体組織を核とした利用者による学習・調査活動がある。浜口は、博物館の仕事を考えるにあたって、社会教育の視点を忘れないようにしたいとも述べている。社会教育職員としての学芸員とは、「自分がどんな研究業績をあげるかということでなく、自分の存在がいかにすれば地域社会に役立ち、地域の人の成長を手助けできるか」を常に問う存在であるという。社会教育職員としての自覚をつくってくれた言葉を引き合いに出し、普通の一般市民が話し手となり、誰からでもよい話を聞き出せるような「聞き上手」な人を育てることが、社会教育の役目であると述べている（浜口 2000）。浜口の主張は、地域の人が日常的なつながりをもち、見慣れた物の価値を再発見する「放課後博物館」像へと概念化されていった。

　浜口が勤務した平塚市博物館は「地域博物館」を標榜し、博物館研究者の伊藤寿朗によって、その考え方が定式化されたことでも知られる。地域博物館では、受け身の学習ではなく、自分で学習を発展させていく自己教育力を育てることが目的とされている。伊藤が自著において、「社会教育」の語を用いることは決して多くはない。だが、同じ社会教育施設である公民館実践への着目や市民の学習を保障することに重きを置く姿勢からは、後述する生涯教育の理念や学習権との結びつきがうかがえる。浜口や伊藤による主張と実践は、博物館法による規定以前に存在したものであり、現在においても博物館関係者が心に留めておくべきものである。

　次に、社会教育施設との連携についてであるが、市区町村立図書館や公民館

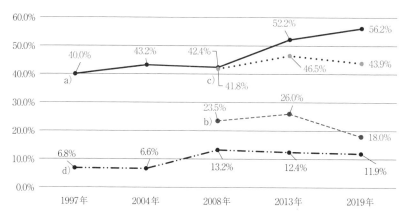

a) ━●━ 地方自治体主催の生涯学習活動と連携して事業・活動を行うこと
b) ‑‑●‑ 民間のカルチャー・スクールと連携して事業・活動を行うこと
c) •••●••• 地域の自主的な学習サークルの活動に協力すること
d) ━•●•━ 地域の自主的な学習サークルに館への協力を求めること

図 9.1 社会教育機関などとの連携状況（全体／時系列比較）（日本博物館協会 2020 を もとに筆者作成）

との連携・協力事業は、博物館全体の2、3割にとどまっている（日本博物館協 会 2020）。施設の英語名／ローマ字表記の頭文字を取った MLAK（Museum, Library, Archives, Kominkan）連携が、実体を伴って展開していくには、社会 教育施設としての相互理解が不可欠であろう。社会教育機関などとの連携状況 については、地方自治体主催の生涯学習活動との連携をしている館が半数以上 を占め、増えている。ただし、地域の自主的な学習サークルとの連携は減少傾 向にある（図9.1）。この調査結果からは、丁寧な活動コーディネートが求めら れる連携に注力する余裕が博物館になくなってきている可能性も考えられる。

2. 生涯教育

（1）生涯教育の理念

　生涯教育とは、生まれてから死ぬまでの生涯にわたる人間形成の営みを意味

する。生涯教育の考え方が国際的にひろがったきっかけは、1965 年（昭和 40）
に開催された第 3 回成人教育推進国際委員会において、ユネスコ（国際連合教
育科学文化機関）の成人教育部長であったポール・ラングラン（Paul Len-
grand）が提出したワーキングペーパー「生涯教育」（éducation permanente）
にある。日本においても、このワーキングペーパーは、1967 年（昭和 42）に日
本ユネスコ国内委員会によって、『社会教育の新しい方向―ユネスコの国際会
議を中心として―』の付録として翻訳されている。ラングランは生涯教育につ
いて、教育は人間が生きている限り続けられるものであるが、従来の教育を単
に引き延ばしただけのものではないと言明している。つまり、成人段階を人間
の完成態として捉える発達観に基づくのではなく、老年期にいたるまで発達し
続ける存在として、人間を捉えているのである。

　では、ラングランは、なぜ生涯教育の必要を説いたのだろうか。その背景に
ついて、現代人が 9 つの挑戦に直面していることを指摘している（表 9.1）。例
えば現代に即すならば、過去に獲得した技術が陳腐化することによる技術
ギャップ（加速度的変化、科学技術の進歩）、世界中の情報が瞬時に広く拡散
される一方で、意図的に報道されない情報があること（情報）、高齢者に対す
るイメージやジェンダーに対する考え方が変わりつつあること（生活様式と人
間関係における危機）などが具体的にあげられている。「課題」ではなく、「挑
戦」という表現を用いていることからは、社会を変えるのは教育であるという
強い意思がみてとれる。同時に、1960 年代に指摘された挑戦が、今になって
もなおリアリティをもって受け止められるのは、ラングランの問題意識が先見
性と普遍性を持っていたからであろう。

　ラングランによる提言以降、ユネスコは継続的に生涯教育に対する提言を
行っていく。1971 年（昭和 46）には、エドガー・フォール（Edgar Faure）を
委員長とした教育開発国際員会が発足し、翌年には報告書『未来の学習』
（Learning to be）が出された。同報告書の原題は、自己自身になるという意味
であり、不完全な存在である人間が生涯にわたって「生きることを学ぶ」社会
を実現させる必要を提言している。

表 9.1 現代人に対する 9 つの挑戦（ラングラン 1971 をもとに筆者作成）

1	加速度的変化
2	人口の増加……教育に対する需要の増大
3	科学技術の進歩
4	政治の領域における挑戦……政治や法制度が変化する社会
5	情報……情報の拡散とメディア・リテラシー
6	余暇……余暇の拡大と格差
7	生活様式と人間関係における危機
8	肉体……肉体的表現の氾濫
9	イデオロギーの危機……思想、宗教、政治などの対立

　ラングランの後継者といわれるエットーレ・ジェルピ（Ettore Gelpi）は、生涯教育が生産性の向上や従属の強化のために取り入れられることで、既成秩序を強化する抑圧となるリスクを指摘している。その一方、異なる道を選択することで、抑圧から解放される力ともなりうるという生涯教育の二面性を説いている（ジェルピ 1983）。被抑圧的立場に置かれた人びとの解放を背景としたジェルピの所論は、博物館教育にも置き換え可能である。既存の価値観や慣習を維持・教化しようとする神殿としての博物館教育を行うのか、学び手自身が新たな意味を見出していく多声的なフォーラムを目指すのかが問われてくる。ジェルピが説いた生涯教育論は、1985 年（昭和 60）のユネスコ第 4 回国際成人教育会議で採択された「学習権宣言」へと発展していった。宣言では、学習権が人類の生存にとって不可欠であり、基本的人権であると訴えている[7]。ユネスコによる生涯学習論は、直近の第 7 回国際成人教育会議（2022 年）にいたるまで、マイノリティや発展途上国支援への一貫した視点をもつ社会変革の理論でもある。

（2）社会教育、生涯教育、生涯学習の異同

　本章の冒頭にも述べたように、社会教育、生涯教育／生涯学習といった用語は、博物館のなかでも混在して用いられている。まずは、政策にかかわる事項から、それぞれの異同を探っていくことにしよう。

　社会教育については前節で既述のとおりであるが、初めて生涯教育に触れられたのが、1971 年（昭和 46）の社会教育審議会答申「急激な社会構造の変化に対する社会教育のあり方について」である。同答申では、生涯教育の観点から社会教育を位置づけることが提言された。生涯教育の考え方は、学校教育、社会教育、家庭教育を有機的に統合することを求めているとも言及している。1981 年（昭和 56）に出された中央教育審議会答申「生涯教育について」では、生涯教育のみならず、生涯学習が公に定義された。生涯学習とは、各人が自発的意思に基づいて行うことを基本とし、自己に適した手段・方法を選び、生涯を通じて行う学習を意味するとしている。他方、生涯学習のために自ら学習する意欲と能力を養い、社会のさまざまな教育機能を総合的に整備・充実しようとするのが生涯教育の考え方であるという。以上の考え方や定義からは、生涯教育が社会教育を内包する概念であり、学習環境を整備するよう意図的に働きかける営みであることが読み取れる。

　他方、生涯学習については、学習者個人の立場を重んじて、生涯教育を捉える際に用いられる。日本では、1984 年（昭和 59）に内閣総理大臣の諮問機関として設置された臨時教育審議会の第 4 次答申において、「生涯学習体系への移行」が提言された。同答申以降、政策のなかでは、生涯教育ではなく生涯学習の語が根づいていくこととなる。さらには、そのため、教育基本法第 3 条（2006 年改正）においても「生涯学習の理念」が規定され、先述のとおり理念規定と呼ばれている。

```
教育基本法
（生涯学習の理念）
第三条　国民一人一人が、自己の人格を磨き、豊かな人生を送ることができるよ
　　う、その生涯にわたって、あらゆる機会に、あらゆる場所において学習すること
　　ができ、その成果を適切に生かすことのできる社会の実現が図られなければなら
　　ない。
```

　ただし、日本での政策上の位置づけのみにとらわれるのではなく、国際的な

潮流にも目を向ける必要がある。前出の学習権宣言では、学習がキーワードと
なり、教育活動の中心に位置づけられている。加えて、学習とは、出来事のな
すがままにされる客体から、自らの歴史を創造する行為主体に変えていくもの
であるとされている。そして、学習権宣言が出された後に着目されたのが、何
を学ぶ必要があるのかである。ユネスコ 21 世紀教育国際委員会は 1996 年（平成
8）、『学習：秘められた宝』（Learning: The Treasure Within）と題した報告書
のなかで、学習の 4 本柱をあげている。そのなかでも、今日の教育の最重要課
題と強調されたのが、「共に生きることを学ぶ」（Learning to live together）で
ある。差別や抑圧、排除といった課題を前に、対話によって他者を理解し、自
己を知ることが必要だと述べられている。加えて、前出の『未来の学習』に基
づく「人間として生きることを学ぶ」（Learning to be）ことも取り上げられて
いる。人間性の疎外や否定から自らを守るために必要なのは、自由な思考力、
想像力であるという。そのためには、芸術や文化による教育機会を提供し、同
時代人や先人の創造物に触れさせることが重要であると言及している。

　翻って、生涯学習の観点から、文化や芸術に触れる機会となる博物館で、人
は何を学ぶことができるだろうか。

3.　博物館をめぐる生涯学習関連政策の影響

　博物館での生涯学習関連政策推進の典型例といえるのが、ボランティア活動
である。例えば、博物館法第 3 条第 1 項第 10 号に規定される「教育活動その他
の活動」の具体例には、展示解説活動があげられている。[8]実際に、日本博物館
協会（以下、日博協と略す）の調査から博物館でのボランティアの活動内容を
みると、「入館者案内、説明、解説」と回答する割合が 6 割を占めている（日本
博物館協会 2020）。前出の答申「急激な社会構造の変化に対する社会教育のあ
り方について」（1971 年）を契機に、政策による後押しも得て、生涯学習の一
環としてボランティア活動は推進されたのである。ボランティアによる展示解
説活動がひろがったのには、複数の要因があるだろう。学習内容と学習成果の

活用の流れが明確であり、その意義を説明しやすい点も一因である。展示解説を行うためには、資料に関することだけではなく、解説の聞き手との間のコミュニケーションを学習することになる。したがって、博物館でのボランティアをめぐっては、学習者であるだけではなくサービスの提供者ともなることで、多面的性格を生じさせる点にも注意を払う必要がある。

　博物館でのボランティア活動については、1998 年（平成 10）の特定非営利活動促進法（NPO 法）制定が、博物館に関わる市民活動団体の NPO 法人化へと結びついていった例もある。[9]　なぜならば、同法における「特定非営利活動」には、「社会教育の推進を図る活動」が含まれていたからである。NPO 法制定は、広義の生涯学習関連政策において市民活動団体支援を実現する道筋をつける契機ともなった。

4.　生涯学習の理念に即した博物館（教育）の在り方

　ここまで、社会教育機関としての博物館、生涯教育／生涯学習の理念や考え方についての歴史的変遷を取り上げてきた。前述の生涯「教育」から生涯「学習」への移行は、博物館にも敷衍可能である。特に近年は、来館者研究を中心とした博物館でのコミュニケーション論を足がかりとして、教育ではなく学習を重視する傾向がある。その理由は、学習を、学術的な知識の獲得ではなく、人に焦点をあて、知識と経験、解釈を結びつけるプロセスとして捉えているからである。

　博物館での学びの特性は、ものを通じた体験によって感情が動き、体験を知識や態度、信念、価値へと転換していくプロセスにある。それは、いみじくも生涯教育／生涯学習の根底にある「自分自身になる」こと「生きることを学ぶ」ことと重なる。自分自身になるとは難しい表現であるが、あらゆる人にとって必要とされることではないだろうか。自分が何者であるのか、そのアイデンティティをめぐる困難に直面することは、誰にでも起こりうる。自己を知るためには、他者との対話が必要であることは先述のとおりであるが、対話とはど

のような性質をもつのだろうか。哲学者の鷲田清一は次のように述べている。

　　対話の場合は、共有できるものを見つけるためのコミュニケーションで
　　はなく、むしろその反対です。同じ考えや同じ気持ちになることではな
　　く、たがいの差異をより深く、より細やかに知り、感じていくことが対話
　　というコミュニケーションの本質です。同じものを見ていても、反応の仕
　　方がこの人とじぶんとではこんなにも違うということ、あるいは、異質な
　　ものを受け入れる許容量が彼とわたしではここまで違うということ、それ
　　を、より細かい点で思い知らされていくようになることが対話なのです
　　（鷲田 2012）。

　博物館（美術館）による対話の試みといえるのが、2023年（令和5）、東京都
現代美術館で開かれた「あ、共感とかじゃなくて。」展である。同展の関連プロ
グラム「ドラァグクイーンによるこどものための絵本読み聞かせ」開催をめ
ぐっては、SNS上で大きな議論が起こった。差別的な表現を含む否定的意見も
含まれる状況で同館が表明した見解は、展覧会とプログラムの目的（前提）を
伝えたうえで、主要な否定的意見に応答するものであった[10]。共感だけではな
く、見知らぬ誰かのことを想像し、自分の感情や感じ方を掘り下げることを目
的とした展覧会で、世界と人びとの幅広さや違いを考える機会（プログラム）
を提供することは、まさに「人間として生きることを学ぶ」取り組みである。
加えて、美術館という組織が匿名性をもった「誰か」の考えに向き合ったこと
は、「共に生きることを学ぶ」ことを体現する実践であったといっても過言で
はない。

　おそらく多くの人は、日常的に差別や抑圧に対して自覚的でない限り、自ら
のマジョリティ性／マイノリティ性に気づくことは稀である。そのことを痛感
する機会をつくる博物館の一例が、国立ハンセン病資料館である。同館は、ハ
ンセン病問題に関する普及啓発を行うことで、偏見や差別を解消することを目
的とした博物館である。展示室に再現された療養所のジオラマ、療養所入所者
による作品展示は、見る者の「知ろうとしてこなかった世界」への想像力が問
われる。他者の存在や意見を排除することなく、自分の理解を超えた考え方を

認めることは、自分が何者であるかを知ることでもある。

　本章で述べた生涯学習の理念に基づいた博物館の在り方は、ユートピアであり、理想論と捉える向きもあるかもしれない。しかしながら、理想や理念なきところに、実践は成り立たない。博物館には、他者の世界を覗く窓が用意されているだろうか。

註

（1）当初は、小学校への就学率を上げるため、父兄に学校教育の意義を普及する役割を果たしていた。

（2）2006年（平成18）の教育基本法全面改正によって新設された「生涯学習の理念」とともに、「社会教育」に関する規定を見直している。

（3）詳細については、「第208回国会衆議院文部科学委員会　第4号　令和4年3月23日」会議録における、宮本岳志議員と大臣及び政府参考人との質疑を参照されたい。

（4）友の会は、博物館事業の一環として会員を募った組織化された団体である。特典が得られる受益者団体としての性格と博物館事業を支援する協力団体としての性格を併せもつ。ここでは、後者の協力団体としての友の会をイメージしている。

（5）地域博物館の考え方や具体的事例については、伊藤（1991, 1993）に詳細にまとめられている。

（6）成人教育推進国際委員会は、ユネスコの諮問機関にあたる。

（7）学習権より先立って、国際連合第3回総会で採択された「世界人権宣言」（1948年）では、教育を受ける権利や文化生活に参加する権利がうたわれている。博物館に関しても、ユネスコ第11回総会（1960年）で、「博物館をあらゆる人に開放する最も有効な方法に関する勧告」が採択されている。同勧告の精神は、世界人権宣言や学習権宣言にもつながる。

（8）各都道府県教育委員会等に宛てた文部科学事務次官通知「社会教育法等の一部を改正する法律等の施行について」（2008年）の留意事項として、学校や図書館と並んで具体例があげられている。

（9）具体例には、NPO法人人と自然の会と認定NPO法人大阪自然史センターがあげられる。前者は、兵庫県立人と自然の博物館でのボランティア登録者による活動が始まりである。後者は、大阪市立自然史博物館友の会が母体となり設立されている。

（10）東京都現代美術館「『ドラァグクイーン・ストーリー・アワー』に関する美術館の見解につきまして」（https://www.mot-art-museum.jp/news/2023/07/20230630133415/）2023年9月閲覧。

参考文献

伊藤寿朗 1991『ひらけ、博物館』岩波書店。

伊藤寿朗 1993『市民のなかの博物館』吉川弘文館。

笹井宏益 2013「社会教育の本質」笹井宏益・中村香『生涯学習のイノベーション』玉
　　川大学出版部。

ジェルピ、エットーレ（前平泰志訳）1983『生涯教育―抑圧と解放の弁証法』東京創元
　　社。

棚橋源太郎・宮本馨太郎 1962『棚橋先生の生涯と博物館』六人社。

日本博物館協会 2020『日本の博物館総合調査報告書（令和元年度)』。

浜口哲一 1987「町の学芸員―その生活と意見」横浜市政策局政策課編『調査季報：横
　　浜の政策力』（94)。

浜口哲一 2000『放課後博物館へようこそ：地域と市民を結ぶ博物館』地人書館。

ラングラン、ポール（波多野完治訳）1971『生涯教育入門』全日本社会教育連合会。

鷲田清一 2012『語りきれないこと―危機と傷みの哲学』角川書店。

（菅井　薫）

第10章　文化観光と文化資源に基づく博物館

　文化観光において、博物館は観光施設であると同時に、文化資源の新たな価値創造の担い手でもある。その点をふまえ、本章では、文化観光における博物館のマネジメントの在り方や、機械や製品など、企業活動に関連するものが「文化」として扱われつつある近年の動向を学び、文化資源と博物館の関係を考えていく。

1.　博物館法の改正と文化観光

　2022年、約70年ぶりに博物館法の単独改正が行われ、同法は社会教育法に加えて文化芸術基本法の精神にも基づいて博物館の設置や運営について定めるものとなった。改正後の法律内（博物館法第3条第3項）では、博物館が文化観光や、文化観光による地域のまちづくりや産業の活性化などにもかかわる存在であることが明記されている。

　その点をふまえ、以下では文化観光や文化観光による地域のまちづくりの概要を学んでいこう。

（1）文化観光とは

　文化観光という言葉を見聞きした際に、皆さんはどのような観光シーンをイメージするだろうか。なかには、旅行先で伝統的な祭りや芸能を見ることや、神社や寺院、文化財の見学といったことを想像した人がいるだろう。もちろん、世界文化遺産に登録された場所の訪問という回答も考えられる。そして、

その地域の歴史や風習などを扱う博物館の見学をイメージする人もいる。

こうした「見ること」に関する観光のほかにも、体験するタイプの観光シーンをイメージする人もいるだろう。例えば、地域の食材を活かした食事や、地酒を楽しむといったことである。ほかにも、海外から日本にやってきた人びとが茶道や華道、柔道といった「○○道」の体験をすることなどを文化観光の一例として想像することも間違いではない。

実際、文化観光は幅広い観光シーンを含む。その理由の一つとして、「文化」という言葉を辞書で調べてみてもわかるように、「人間の生活様式の全体」や「人類がみずからの手で築き上げてきた有形・無形の成果の総体」といった、ひろい範囲を想定する概念であることが関係していると考えられる。日本では2020年5月に、「文化観光拠点を中核とした地域における文化観光の推進に関する法律」（以下、文化観光推進法）が成立している。同法第2条では、文化観光を「有形又は無形の文化的所産その他の文化に関する資源（以下「文化資源」という）の観覧、文化資源に関する体験活動その他の活動を通じて文化についての理解を深めることを目的とする観光」と定義しているが、ここでも「文化」を具体的にイメージするのは容易なことではない。

文化と見聞きした際に最初に思い浮かびやすいものとしては、伝統文化や食文化をあげることができるが、その一方でオタク文化やアニメ文化といった言葉も存在している。こうした文化のジャンルの存在を認めることによって、アニメやマンガ作品のなかに登場する景色を見に行くことや、そこで作中のキャラクターのコスプレをすることなども文化観光の一つとして扱うことができる。

また、もともとアニメやマンガは「文化」として捉えることが一般的ではなかったといえる。つまり、これらは新たに「文化」としてみなされるようになったものなのである。同様の現象は、機械や製品など、企業活動に関連するものにおいても起きている。こうした点を踏まえると、文化観光や文化資源の様相は今後一層多様化していくことが予想される。

（2）ニューツーリズムとしての文化観光

　観光の分野では、アニメやマンガに関連する観光にコンテンツ・ツーリズム、機械や製品など、企業活動に関連する観光に産業観光といった個別の呼称が存在し、ニューツーリズムの一つとして扱われている。ニューツーリズムとは、従来の物見遊山的な観光とは異なり、テーマ性を有し、体験や交流といった要素を取り入れている新しい旅行の形態のことを指す。コンテンツ・ツーリズムや産業観光のほかに、エコツーリズムやグリーン・ツーリズム、ヘルスツーリズムなどを例としてあげることができる。ニューツーリズムは旅行商品化の際、地域の特性を活かしやすいため、地域活性化につながるものとしても期待されている。文化観光推進法において定義されている文化観光も、文化資源に関する体験活動などを想定していることから、ニューツーリズムの一つであるといえる。

　文化観光推進法における文化観光の捉え方に関して押さえておくべき点は、同法が文化観光を観光者の文化についての理解を深めることを目的としたものと捉えているということである。この表現からは、観光の在り方として、単純に文化的なものを見て終わるというものではなく、観光者による当該文化に対する理解度の向上と、その先にある当該文化の持続可能性を考慮したものであることがうかがえる。同法の成立は、法制度上「文化」と「観光」が一体的な政策として捉えられるようになったことを意味するものとして注目されているが、文化に対する深い理解の促進という目的や、その先のビジョンを有しておかなければ、文化が観光による消費の対象になると危惧する動きも出てくることになるだろう。

（3）文化観光のまちづくりにおける博物館

　さて、改正された博物館法の話に戻ると、同法では所在する地域の文化観光の推進において、博物館事業の成果を活用するとともに、地方公共団体や学校、社会教育施設、民間団体などと連携や協力を図ることが、博物館の事業の一つとして示されている。文化観光の推進は、博物館単独ではなく、地域内の

さまざまな主体が一体となって展開するものであることを示唆しているのである。こうしたなかで必要となってくる博物館のマネジメントの一つが、地域内でのほかの観光関連事業者との連携である。

この点に関連して、近年の日本における地域の観光まちづくりでは、DMOと呼ばれる組織の設置と運営に関心が集まってきた。DMOとはDestination Management/Marketing Organizationの略で、観光目的地域の観光戦略の策定や各種調査、マーケティング、商品造成、プロモーションなどを一体的に実施する組織、言い換えると地域主導で地域資源を活用した体験型の旅行商品づくりを進める際の担い手を指す言葉として用いられている。2015年11月には日本版DMO登録制度が創設されており、2023年3月31日時点では、270件（広域連携DMO：10件、地域連携DMO：106件、地域DMO：154件）の組織が日本版DMOとして登録されている。[1]

DMOは、多種多様な関係者が存在するなかで、地域の観光まちづくりを推進するための舵取り役となることも期待されている。地域において観光まちづくりを進める場合、現地の企業やNPO、博物館、行政、地域住民、団体など、多種多様な人びとの協力が不可欠である。また、一概に企業といった場合でも、ホテルや旅館などの宿泊業や、タクシーやバス、鉄道など地域の交通機関、各種観光施設やイベントなどを営む事業者、地元の特産物を使った料理を提供する飲食店や、おみやげ物などを販売する小売業者などさまざまである。これらの関係者に対し、文化観光や他のニューツーリズムのジャンルなどのテーマを示しつつ、一体感を醸成し、地域の観光まちづくりを実現していく上でDMOは重要な存在なのである。こうしたDMOの舵取りのもと、博物館は所在する地域における観光まちづくりの成功に向けて、地域内のほかの観光関連事業者と連携していかなくてはならない。

2.　観光施設としての博物館のマーケティング

博物館は観光まちづくりにおける観光資源の一つであるが、前節でふれた地

域内のほかの観光関連事業者との連携のほかにも、マネジメントの一つとしてマーケティングについても考えていく必要がある。

　博物館は観光施設として、また地域の文化観光推進のための新たな資源を調査や研究を通じてつくる存在としての役割も期待されているといえる。以下では、マーケティングの考え方を学んだうえで、改めて文化観光における博物館のマーケティングについて考えていこう。

（1）考え方としてのマーケティング

　マーケティングという言葉を見聞きすると、集客を高める手段や市場調査をイメージする人が多いかもしれないが、その目的は『マネジメント』や『現代の経営』などの経営に関する著作で有名なピーター・F. ドラッカーにいわせると、セリング（売り込み）を不要にすること、製品やサービスが自然に売れる状況をつくることである。別の言い方をすると、顧客に購買を強制したり、無理をいって購入のお願いをするのではなく、顧客が自発的に購買をする状態をつくることが、マーケティングの目的とされる。そして、そのために重要となってくるのが「顧客に目を向けること」「顧客の視点・立場から、製品やその販売に関連する活動を考えて実行しているかどうか」である。

　例えば、一般的に昔からスーパーマーケットなどで販売されている豆腐のサイズは、大人数の家族であれば適量に分けることができる大きさであるが、1人で食べるとなると大きいと感じられることが多い。また、商品パッケージも、一度開封すると残ったものを保存する上では少し不安になるようなタイプであることも多い。こうした商品しかない状況は、一人暮らしをしている人にとって、豆腐を買うことをためらう要因の一つになってくる。そこで、こうした人にも購入してもらうための方法として考えられるのが、分量は従来のまま、中身を個別包装にして販売するというものである。これによって、一人暮らしで豆腐を食べたい人のニーズを満たすことができる。

　このように、マーケティングとは物事を考えたり実行したりする際に、顧客の視点や立場を起点にするという考え方なのである。先ほど例としてあげたの

は製品の在り方に関するものであったが、ほかにも、例えば宣伝の在り方として、10 代大学生という客層を想定して、どの SNS サービスで、誰をインフルエンサーにするのかを考えることも、マーケティングの考え方の体現といえる。

　また、マーケティングに対して、商品やサービスを購入する相手がいる、いわゆるビジネスの世界のものというイメージを持っている人もいるかもしれないが、実際には学校や病院、行政、NPO など、非営利組織においてもマーケティングは応用されている。「近代マーケティングの父」とも呼ばれているフィリップ・コトラーは、マーケティングを「人間や社会のニーズを見極めてそれに応えること」と述べている。このことからもマーケティングがビジネスの世界に限定されるものではないということがわかるだろう。「顧客」は商品やサービスを購入する人に限定する必要はなく、イベントや活動に参加する人、それらを支援する人や団体、コミュニティの一員になる人など、組織や地域に対する人や団体のさまざまな在り方として扱うことができるのである。

　博物館の場合、来館者は当然のことながら、ほかにも活動資金を出す団体や人、友の会の会員などが、マーケティングを考える際の「顧客」として想定されることが多い。以下では、来館者に関する博物館のマーケティングについて考えていこう。

（2）博物館のマーケティング

　文化庁が公表している調査データの一つに『文化に関する世論調査』というものがある。その令和 2 年の調査結果のなかに、「どうすれば美術館や博物館にもっと行きたいと思うか」を尋ねた結果が公表されている（図 10.1）。

　図 10.1 をみると、当時は新型コロナウィルスの感染拡大が社会の大きな関心事であったこともあり、「入場者数を制限して混雑を解消する」や「検温や手指消毒、時間予約制などの感染症対策がきちんと行われている」といったことが人びとから比較的高い割合で博物館に対して求められていることがわかる。こうしたなかで回答した人の割合が最も高くなっているのが「入場料が安くな

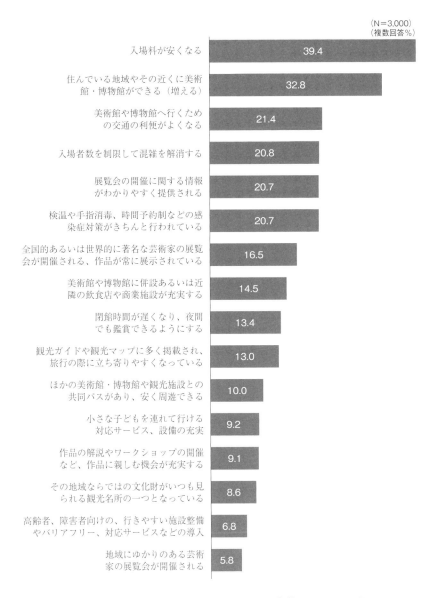

図 10.1　博物館や美術館にもっと行きたくなるための条件（文化庁 2021『文化に関する世論調査報告書令和 3 年 3 月』をもとに筆者作成）

ること」である。この世論調査において、同様の質問は令和2年以前にも実施されているが、基本的には毎回「入場料が安くなること」を回答する人の割合が、ほかの項目があるなかでも最も高くなる傾向にある。

　この調査結果をふまえて、入場料金を下げることが社会のニーズを見極めた博物館のマーケティングであるといわれると、疑問を感じる人も出てくるだろう。実際のところ、この結果をもとに博物館は入場料金を下げるべきであると主張するつもりはない。ただし、このような結果が出る背景に、博物館が人びとに提供しているもの（展示や解説などの活動）について、入場料金に見合っていないと感じている人びとがいる可能性も見落としてはならないだろう。

（3）博物館におけるターゲットの設定

　また、この調査では回答者の年齢別の結果についても公表されている。その結果に注目してみると、年齢層によっては全体とは大きく異なる回答傾向になっているものがある。例えば、「小さな子どもを連れて行ける対応サービス、設備の充実」は、その典型であり、全体が9.2％の選択率であったのに対し、30〜39歳の回答者層の選択率は29.9％である。これは、子育て世代の年齢層から求められているものが何なのかを知る手がかりといえる。ほかにも、「作品の解説やワークショップの開催など、作品に親しむ機会が充実する」を選択するのは、20代や30代に多いことや、「その地域ならではの文化財がいつも見られる観光名所の一つとなっている」を選択するのは18歳〜39歳までの回答者層に多いことなども、この調査からみえてくる。

　このように、年齢層によって博物館に対して求めるものが異なってくるということを知ると、「誰のための博物館か」という問いについて、博物館のマーケティングとして考える必要が出てくる。マーケティングでは、これをターゲティングやターゲット設定と呼ぶ。ターゲティングによって、提供する商品やサービスの内容、宣伝方法、価格の設定など、さまざまな具体的活動の指針が得られる。自分たちの活動の相手が漠然とした存在ではなく、「どのような」人であるのかが明確になるためである。またターゲティングは、組織として動

員できる人員や資金、時間、設備などの資源に限りがあるなかで、より高い成果を出していくための選択という一面も持っている。

　ターゲット設定の方法は年齢層や性別、居住地などを用いることが想像されやすいが、この作業に関するルールが存在しているわけではない。そのため、インドア派かアウトドア派かといった表現や、新しいもの好きか慎重派かといった個人の性格やライフスタイルをもとにターゲットを考えることも可能である。人びとの特徴をどのように表現するのかは、自分たちの活動の指針を得るうえで重要であり、博物館のマーケティングにおいても成功を左右する作業ともいえる。

　なお、ターゲティングという作業を含むマーケティングは、博物館の公共施設としての立場との間で、悩ましい状況を生むことが考えられる。ターゲティングという作業が、特定の人びとを優遇する博物館をつくるきっかけになることが危惧されるためである。この点については、そのような危惧を念頭に置きつつ、公共施設としての立場を維持する必要があるだろう。

（4）博物館の満足度

　他方で、観光施設としての立場では、地域の観光地としての持続性への貢献の在り方の一つとして、高い来館者満足度の実現が博物館においても求められる。高い満足度は、リピート需要のほか、いわゆるクチコミと呼ばれる他者への推奨のきっかけにもなる。

　旅行クチコミサイトの一つにトリップアドバイザーと呼ばれるサービスがある。トリップアドバイザーでは利用した観光スポットなどについて、ユーザーが点数をつけたり、感想などをコメントとして記入することができ、ほかのユーザーは、その集計結果や記述内容を観光する際の参考にできる。こうしたクチコミサイトに投稿されているユーザーの感想は、マーケティング活動の成果を確認するデータとしても扱うことができる。博物館として意図していたとおりの感想が、クチコミサイトにおいて、どの程度投稿されているのかや、活動などに対する不満点などを投稿内容からチェックすることができるのであ

る。博物館は想定している来館者層の満足度の向上のため、来館者アンケート
や日々館内で観察できる様子に加えて、これらも活用していくことによる改善
を実施していく必要があるだろう。

（5）文化観光の施設としての博物館のマーケティング

　本節の最後に、改めて文化観光の施設としての博物館のマーケティングにつ
いて考えておこう。日本の多くの博物館には、国や自治体による指定や登録を
受けた文化財が存在している。文化観光の振興は、こうした日本各地のさまざ
まな文化や文化財を観光の目玉にしようとする動きでもある。しかし、文化観
光の施設としての博物館のマーケティングでは、「単純に文化を観光の商品と
して消費したい人」をターゲットにするわけにはいかない。文化観光推進法
が、文化観光を観光者の文化についての理解を深めることを目的としたものと
捉えていることも、その理由の一つである。

　では、どのようなターゲット設定が代替案として考えられるだろうか。さま
ざまな回答が考えられる問いではあるが、一つの回答として、「地域の歴史や
文化を観光的な体験を通じて学びたい人」というものを考えることができるだ
ろう。このターゲット設定の場合、「学ぶ」ということが実現できるかどうか
が満足度を左右するポイントとなり、社会教育施設という従来からの博物館の
在り方のなかで蓄積されてきたノウハウなども生かしていくことが期待でき
る。

　その事例の一つとして、愛知県の徳川美術館によるナイトミュージアムイベ
ント「トクガワナイトミュージアム Premium 源氏夜会」を紹介しよう。この
イベントは、幅広い客層、具体的には徳川美術館の従来の中心的客層であった
歴史愛好家以外の客層が、源氏物語の世界を知るきっかけをつくることを優先
して企画が進み、その結果、高いエンターテインメント性をもつ企画が考案さ
れた。例えば、展示室のエントランスに葵の紋を投影したり、受付をカウン
ターバーに見立ててシャンパンを振る舞うといったインパクトのある演出の用
意である。博物館のイベントとしては高価格帯の参加費用を設定するうえで、

光るグラスでシャンパンを来場者に振る舞ったり、普段は館内から見渡すだけの中庭をパーティ会場に見立ててフィンガーフードを提供するなど、昼の美術館では味わうことができないプレミアム感の演出も取り組まれた。加えて、研究者による解説ではなく、学芸員とゲストによる堅苦しさを抑えたトークショーも実施された。こうした部分には、社会教育施設という従来からの博物館の在り方のなかで蓄積されてきたノウハウなどを活用する様子も感じ取ることができる。

　このように徳川美術館の事例は、博物館がかかわった文化資源の高付加価値化に関して注目できる事例でもある。

3.　文化資源と博物館

　文化観光において、博物館は観光施設として人びとを集めたり、文化に対する学びの機会を提供する存在であると同時に、文化資源の新たな可能性や新たな文化資源を創出する存在でもある。前節の最後に紹介した徳川美術館の事例は、文化資源の新たな可能性を創出したものとして捉えることもできる。以下では、博物館による新たな文化資源の創出について、機械や工場設備、製品など、企業活動に関連するものが文化観光の資源となる事例を通じて考えていく。

（1）文化という言葉に対するイメージと企業博物館

　図 10.2 は令和 5 年（2023）に公表された『文化に関する世論調査報告書』において、「文化」という言葉に対して感じるイメージを質問した結果を示したものである。この結果を見てもわかるように、文化観光における観覧や体験のもととなる「文化」は、一般的には歴史的な建物や遺産、伝統的な祭りや芸能、茶道や書道、食のことがイメージされていることが多い。こうしたなかで、例えば 2014 年の富岡製糸場や 2015 年の明治日本の産業革命遺産の世界遺産登録の事例からもわかるように、近年では産業や企業活動に関するものに「文化」

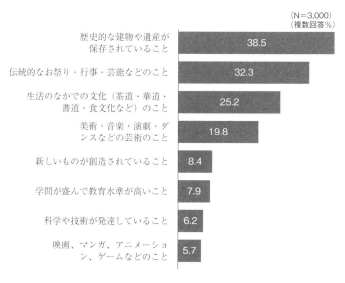

(N＝3,000)
(複数回答％)

図 10.2　文化という言葉に対するイメージ（文化庁 2023『文化に関する世論調査報告書令和 5 年 3 月』をもとに筆者作成）

としての価値を認める動きも進んできている。また、関連して興味深い役割を担っているのが、企業博物館と呼ばれる施設である。

　企業博物館とは、例えばトヨタの場合は自動車、日清食品の場合はインスタントラーメン、パナソニックの場合は家電など、自社のビジネスの内容に関連する事物を展示テーマの軸として設置および運営されている企業立の博物館の総称である。場合によっては財団によって運営されているものもある。2022年の博物館法改正によって、登録を受けるうえでの要件の一つであった、「地方公共団体又は財団・社団法人、宗教法人、日本赤十字社、日本放送協会のいずれかが設置者」であるという部分がなくなり、国と独立行政法人以外のあらゆる法人が登録を受けられることになったことから、今後は博物館法上の登録を受けている企業博物館が増えることも予想される。

　多くの企業博物館では、設置者である企業がもつ期待、例えば企業のアイデンティティの構築やコアバリューの再確認、従業員の企業への帰属意識の醸

表 10.1　近代化産業遺産に認定されている企業博物館の収蔵物の例

施 設 名	保有する遺産の例
菊正宗酒造記念館	灘の酒造用具
東芝未来科学館	国産初の電気冷蔵庫、電気洗濯機
島津製作所創業記念資料館	医療用 X 線装置、工業用 X 線装置
月桂冠大倉記念館	伏見の酒造用具
トヨタ産業技術記念館	環状織機、G 型織機、トヨタ G1 型トラック
マツダミュージアム	マツダ三輪トラック　TCS 型
日産エンジンミュージアム	7 型エンジン、495cc エンジン部品
シャープミュージアム	国産第 1 号鉱石ラジオ受信機、早川式繰出鉛筆
松下幸之助歴史館	改良アタッチメントプラグ、スーパーアイロン、角型ランプ

出典：経済産業省「近代化産業遺産 33」2007 年および「近代化産業遺産群続 33」2009 年をもとに筆者作成。

成、ブランドのプロモーションなどに応えることが求められている。その一方で、観光施設としての地域貢献のほか、業界や産業に関する資料の収集や保存、展示などを担う場としての役割を期待されているところもある。

（2）企業博物館と産業遺産の保存

　日本では、機械や製品など、企業活動や産業に関連するものの文化的な価値などを認め、いわゆる「遺産」として扱っていく動きがいくつか存在している。2007 年と 2009 年に経済産業省から公表された近代化産業遺産群もその一つである。

　表 10.1 は、近代化産業遺産群に含まれている機械設備や製品などのなかで、企業博物館において管理されているものの一例を示している。近代化産業遺産群は、産業観光などの地域活性化を図る際の活用などをねらいとして公表されている。つまり、博物館による文化資源の管理の在り方として、観光分野への活用への道筋をつくってきた動向の一つであるといえよう。

　また、国立科学博物館による「重要科学技術史資料（未来技術遺産）」の登録制度も類似する動向として捉えることができる。[4]　この制度は、科学技術史資料のうち、「科学技術の発達上重要な成果を示し、次世代に継承していく上で重要な意義を持つもの」や「国民生活、経済、社会、文化の在り方に顕著な影響

表10.2　未来技術遺産に認定された企業博物館の収蔵物の例

施 設 名	認定された収蔵物の例
ニコンミュージアム	ニコン F
オリンパスミュージアム	オリンパス OM-1 ニューバノックス AHBS（最高級写真顕微鏡）
パナソニックミュージアム	DVD-A300（DVD プレーヤ） RQ-303「マイソニック」（小型オープンリール・テープレコーダ）
セイコーミュージアム	セイコー クオーツ LC V.F.A. 06LC（液晶デジタルクオーツ腕時計） HS301（超超薄型掛時計）
東芝未来科学館	TAC（日本初の計数形電子計算機） D-21WE（量産型カラーテレビ） 国産一号攪拌式電気洗濯機
ヤンマーミュージアム	HB-5495（小形横形水冷ディーゼルエンジン）

出典：産業技術史資料情報センターの Web サイトをもとに筆者作成。

　を与えたもの」に該当する資料を、国立科学博物館が選定し、『重要科学技術史資料登録台帳』に登録するものである。表 10.2 は、企業博物館と関連がある登録対象の一例を示している。

　酒造用具のように従来から伝統工芸として認識されていたものに加えて、電気冷蔵庫や洗濯機、自動織機、エンジンなど、近代産業に関する技術や製品に対しても文化的な価値が認められ、企業博物館がそれら文化資源の管理の担い手となりつつある背景の一つには、これらの動向のように行政や学術的な団体の動きが関係するものがある。こうした動きのほかに、企業博物館が主体となって新しい文化資源が創出される事例もある。それらの事例を確認していこう。

（3）企業博物館による文化資源の創出例：印刷博物館

　印刷博物館は東京都文京区にある凸版印刷株式会社（現 TOPPAN ホールディングス株式会社）の博物館である。同社の 100 周年記念事業の一環でつくられ、2000 年に開館している。同社のビル内につくられた博物館である一方で、印刷にかかわる資料の収集や研究活動、活版印刷などの体験など、企業の

宣伝活動とは距離を置いた活動を中心的に展開する施設である。

　印刷博物館は印刷文化学の構築を理念として掲げている。印刷文化学とは、同館の Web サイトによると「これまで本格的に取り上げられることのなかった印刷と人間の関係を、文明史的なスケールの視点から捉え直し、これに携わった人類や社会の営みについて検証を加えるもの」である。印刷文化という文化のジャンルを確立するだけではなく、資料の収集や研究、展示などを通じて、この文化について人びとが継続的に考える体制を整えようとしている点で、印刷博物館の事例は今後の文化観光における博物館の在り方を考えるうえでも興味深い。

（4）企業博物館による文化資源の創出例：花王ミュージアム

　花王ミュージアムは東京都墨田区に 2007 年につくられた花王の企業博物館である。印刷博物館とは異なり、同館の活動内容は、企業の期待と社会的な期待の両方に応えるものとなっている。具体的には、花王の足跡を当時の製品と広告やポスターとともに紹介し、同社が豊かな生活文化の実現と産業界の発展に寄与してきたことを伝える「花王の歴史ゾーン」や、社会課題に対する同社の取り組みや最新技術を紹介する「コミュニケーションプラザ」のように、企業の期待に応えている展示ゾーンがある一方で、古代から現在に至る人びとの暮らしを「清浄」という視点でたどり、各時代の入浴、洗たく、掃除、化粧などの生活を紹介する「清浄文化史ゾーン」も存在している。

　この事例において特筆すべきは、企業史と文化史のハイブリッド型の企業博物館をつくるうえで、清浄文化という言葉を示した点である。花王ミュージアムによると、清浄文化とは、入浴、洗たく、掃除、化粧などのことである。これらは花王という企業の事業として対象にしてきた人間の営みである。つまり、清浄文化は新しくつくられた文化のジャンルであるだけではなく、その文化に対して花王が企業としてのつながりをもっていることも伝わるものとなっているのである。博物館から示す新たな文化のジャンルの在り方を考えるうえで、花王ミュージアムの事例は非常に興味深い。

　事例として紹介したような動向が企業博物館のなかで生まれてくる背景には、企業という存在が、人びとの暮らしにかかわる商品やサービスの提供をビジネスとして展開していること、ある種の新しい文化を創り出す存在であることが関係している。企業博物館は新しい文化を創り出す存在としての企業を題材にしている施設とも捉えられるのである。そのため、本章で紹介した事例以外にも、企業博物館の設置と運営によって、新たに「文化」や「文化的な価値がある」とされるものが生まれてくる可能性が考えられる。

4.　文化観光と博物館の今後

　前節では、機械や製品など、企業活動に関連するものが「文化」として扱われつつある近年の動向をもとに、博物館と文化資源の関係について考えてきたが、これらは企業博物館や近代化産業遺産の分野に限られたものではない。文化的な価値があるとされているものを資料として収集し保管していくこと、また研究などの活動によって資料の新たな価値を見出したり、新たな文化資源を創出することは、ほかのタイプの博物館においても可能である。それらの成果を観光まちづくりのための連携や協力において、あるいは観光施設としてのマーケティングにおいて活用することも同様である。

　今後も、どのようなタイプの博物館が、どのような形で文化観光に貢献していくのか、それによって「文化」についての人びとの認識にどのような影響を与えていくのかについて、注目していく必要があるだろう。

註
（1）日本版 DMO 登録制度では、その組織が対象とする観光地域の大きさをもとに3つの区分が存在している。地域 DMO は原則として、基礎自治体である単独市町村の区域を一体とした観光地域を、地域連携 DMO は複数の地方公共団体に跨がる区域を一体とした観光地域を、広域連携 DMO は瀬戸内など、地方ブロックレベルの区域を一体とした観光地域を対象としたものである。
（2）ピーター・ドラッカー（上田惇生訳）2008『マネジメント：課題、責任、実践』ダ

イヤモンド社。

（3）フィリップ・コトラー、ケビン・コトラー（月谷真紀訳）2014『コトラー & ケラーのマーケティング・マネジメント　基本編』（第 3 版）丸善出版。

（4）産業技術史資料情報センター Web サイト（https://sts.kahaku.go.jp/）を参照。

（5）印刷博物館 Web サイト「印刷文化学をめざして」を参照。
https://www.printing-museum.org/about/culture/

（6）花王ミュージアム Web サイトを参照。
https://www.kao.com/jp/corporate/outline/tour/kao-museum/

（高柳直弥）

第 11 章　博物館と地域デザイン

　今日の社会では、生活の舞台である地域の活性化や帰属意識の形成などにおいて、それぞれが主体性をもちながら連携して生活の場をデザインすることへの期待が大きい。このデザインは、居住する人たちが自ら地域の課題を明らかにしてその解決に努め、暮らしの充実や向上を実現していくものである。

　日本の博物館は社会教育の一翼を担う機関として、おもに教育的枠組みによる活動で地域に位置づけてきた。それに加えて、学びの場であることを核にしながら、多様で豊かな体験を提供して人びとの健康と福祉、さらには地域の産業や経済などとひろくかかわり、貢献を期す試みや実践が増えつつある。また、地域の側からも博物館のもつ力を活用して、魅力あるまちづくりや各地の再生に取り組む動きもみられる。地域デザインにおける博物館の役割と活動は、多彩な展開の可能性をもっている。

1.　博物館と社会包摂

　博物館が地域デザインに位置づくには、人びとにひらかれた存在であること、すなわち博物館とそのプログラムへのアクセスの保障が前提となる。そのキーワードの一つがソーシャル・インクルージョン（social inclusion/社会包摂）で、1990 年代後半から仏英を中心に EU の社会政策プログラムとして推進されてきた。これは、社会生活から疎外・排除された人たちを社会の成員として迎え入れ、コミュニティを構築する理念である。包摂する人びとは、各種の人権問題を抱えて社会参加を拒まれている人や、失業や貧困のために社会から

孤立している人なども含めたあらゆる人たちで、だれもが等しく生きる権利をもち、だれをも排除せず、だれも孤独にさせないことを中核におく社会概念である。いうまでもなくこの認識は、すべての人の生活基盤である地域において、互いに支え合う共生社会を実現させる礎となる。

　インクルージョンの考え方を博物館の理念や活動に取り込む動きは20世紀末のEUで始まった。積極的に推進したのはイギリスで、1990年代後半に実践された博物館の教育的価値の再認識と新たな方法やプログラムの構築活動を背景に、枢要な課題として掲げられるようになった。2000年に文化・メディア・スポーツ省が刊行した『社会変化のためのセンター：すべての人のためのミュージアムとギャラリーとアーカイブ⁽¹⁾』では、博物館や美術館におけるソーシャル・インクルージョン・ポリシーの必要性と目標、方法などを、事例研究とともに示している。

　以後、博物館におけるインクルーシブの認識は国際的に共有されつつある。ユネスコが2015年に採択した「ミュージアムとコレクションの保存活用、その多様性と社会における役割に関する勧告⁽²⁾」では、博物館の目的に人類の自然的・文化的な多様性の表象を加え、不利な立場のグループも包摂して博物館はすべてにひらかれるものとし、あらゆる人の身体的・文化的アクセスの保障を求めている。国際博物館会議（ICOM）が2022年に改正採択した博物館の定義でも、包括的（inclusive）であることをその条件としていることは第1章の2.（2）でみたとおりである。

　日本では、インクルージョンをテーマに掲げた博物館研究やその理念を実践化する活動は未だ少ない。けれども、博物館から遠ざけられていた、あるいは遠ざかっていた人たちに対して、迎え入れる理念の形成と実践はこれまでも進められてきた。触察展示や博物館バリアフリー、ユニバーサル・ミュージアムの取り組みである。

　触察展示は、見ることで成り立つ展示から除外されていた視覚障害の人たちに博物館をひらくことを主目的に、1960年代後半から自然史系博物館を起点に始まり、昭和56年（1981）の国際障害者年を契機に各館種での実践が進捗し

た。これとかかわって、建築設計のバリアフリーの発想が社会生活の各分野に導入され、1990年代には博物館でも対応が進んだ。内容は、博物館体験において障害のある人も支障なく利用できるに環境を整えることを意図したもので、ハード面の整備とともに、五感にアプローチする展示や関連プログラムなどの工夫も取り組まれた。つまり、博物館バリアフリーは身体に障害があることで施設や展示の利用が困難な人たちを迎え入れる対応であり、触察展示も同様の一面をもっていた。こうした博物館のバリアフリーは、急速な高齢化社会で障害の有比率が高くなる高齢者を見据えた様相を強くする一方で、アメリカのChildren's Museumで進展したハンズ・オン展示が紹介されると、本来は自ら発見する機会の提供を意図したこの展示形態が、我が国ではバリアフリーな展示手法としても位置づけられて導入が進んだ。

　ユニバーサル・ミュージアムは、博物館バリアフリーの延長で1990年代後半に提起された理念である。すべての人が利用できるという観点で施設と生活環境を整え、だれにとっても不自由のない空間を創出するユニバーサルデザインの考え方を基盤に、これを社会生活の各分野やシステムに導入するユニバーサルサービスの思考のもとで、博物館でもその在り方が模索された。バリアフリーは障害のある人を見据えた考え方であるのに対し、ユニバーサルデザインは障害の有無によらず身体機能の低い人たちに視野をひろげた概念である。ユニバーサル・ミュージアムの発信源となった神奈川県立生命の星・地球博物館では、心の開放と共有の構築を上位目的に置き、「開かれた博物館」を具現化するために、それまで不十分であった視覚障害への対応を主眼とした展示方法やプログラム、システムなどの構築を重点的にめざす方針が掲げられた。[3]ユニバーサルサービスの本質は、あらゆる人の立場に立ち公平な情報と奉仕の提供を具体化して実現することである。けれども、見ることが主体となりがちな博物館では視覚障害がとりわけ不利益な状況に置かれるものと捉えて、先導した神奈川県立生命の星・地球博物館以外もその対処に傾倒する傾向にあった。そのためユニバーサルに包括される内容が、障害のある人たちへの個別的な対応とみる理解が支配的となり、ユニバーサル・ミュージアムの概念は博物館バリ

アフリーと同義的な捉え方で今日に至っている。

　疎外されていた人たちを博物館に迎え入れる目的で提起されてきた従前の考え方について、関係を整理してインクルーシブな博物館の概念を示したのが図 11.1 である。これからの博物館を地域デザインの役割を担う場と認識するのであるならば、共生社会の基盤要件となるインクルーシブの理念をもとに、それを具体化する実践が求められる。この過程において博物館の施設や各種の活動とプログラムへのアクセスを保障する方法論が必要となる。ハードの部分についてはバリア

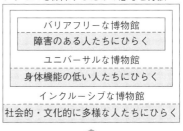

図 11.1　インクルーシブな博物館の概念

フリーやユニバーサルデザイン、さらにインクルーシブデザインの見地で検討し、そのうえでソフト面での各種のサービスを整えて、インクルーシブな博物館のシステムが構築されることとなる。その際、目的を見据えた認識とプロセスを明らかにして、各博物館のミッションに適った取り組みの展開が肝要であるとともに、社会教育の役割を担う博物館は、インクルーシブな教育を見据えて活動を組み立てるべきと考える。[(4)]

2.　博物館と幸福

　博物館が役割を担う生涯学習は、激変する現代社会をだれもが生きていくことを保障し、後押しする側面をもつ。人に寄り添い、その人生や生き方にかかわり、さらにいうならば人びとの幸福に視点を置くことは、公共の文化施設として地域をデザインするための枢要な観点となりつつある。

　近年では、ウェルビーイング（Well-being）の考え方が社会理念としてひろ

がりをみせ、博物館でもそれを見据えた取り組みが始まっている。ウェルビーイングは世界保健機関憲章で登場した言葉で、健康を、肉体的・精神的・社会的に完全に満たされた状態にあることを表す文脈で用いられてきた。日本でもこれが注目されるようになった背景は、人びとの生き方における価値観の変化にある。令和4年（2019）の国民生活に関する世論調査では、モノより心の豊かさに重きをおく人の割合が6割強を占めており、この様相は2000年以降続いている。また、直近のCOVID-19禍により、行動制限やコミュニケーション不足などで生じた多くの問題から、それぞれが生き方を問い直すことに直面したことも、ウェルビーイングへの着目を強めるものとなった。政府が令和3年（2018）3月に閣議決定した「文化芸術推進基本計画」では、教育・福祉・医療機関などの関係団体と連携して、さまざまな社会的課題を解決する役割を博物館に求めている。これも当該活動の後押しとなっている。

　博物館におけるウェルビーイングの検討と実践は、欧米の博物館協会や関係組織などを中心に進捗してきた。我が国でこの考え方に組み込まれる博物館の活動には、回想法や博物館浴、文化的処方、ホスピタルアートなどがある。

（1）博物館資源による回想法

　博物館のコレクションを活用して、回想法という心理療法の手法を展示やワークショップなどに取り入れた実践である。回想法は1960年代前半にアメリカの精神科医が提唱したもので、おもに高齢者を対象に、子どもの頃や若い時分の記憶を引き出すことで楽しい時を過ごすことを企図する。これにより脳を活性化して情緒を安定させ、認知症や閉じこもりの予防治療にあてるものである。回想は適切なモノの提示によって促される。日本の博物館では1990年代後半から注目され、歴史系博物館での現代の生活展示や民俗資料を援用したプログラムを中心にひろがってきた。近年では、美術館や動物園などでも、展示から懐かしさを呼び起こすことを意図した試みが進展しつつある。多くは身近にあった資料を活用して、福祉・医療・教育関係者やボランティア組織などとの連携を図り、地域をデザインする思考をもつ地域回想法として実践されて

いる。

　これを先導する北名古屋市歴史民俗資料館（昭和日常博物館）は昭和時代の生活資料がコレクションの中心を成し、展示の全体を見据えた「お出かけ回想法」と呼ぶコンテンツをもつ。高齢者施設が計画するお出

図 11.2　能登川博物館の回想法キット

かけや高齢者を伴う家族などの見学に対応するもので、展示したモノから懐かしさを引き出して語り合う方法を提示し、思い出の共有から元気を生み出す回想法の展開がねらいである。さらに、図書館と連携した「私と本」をテーマにする回想ワークショップや世代間交流を取り入れた回想交流ワークショップ、限界集落への回想法の実践からそこでの歴史や風習を記録する伝承回想法などの展開もみられる。いずれの活動も当該自治体が進める介護予防事業の一部を担っており、保健福祉の地域ケアを支える取り組みとなっている。

　ほかに、氷見市立博物館（富山県）や能登川博物館（滋賀県東近江市）では回想法のキットを作成して、高齢者施設や公民館で体験できる出張プログラムや、活用法を施設の職員などにレクチャーしてキットを貸し出すメニューを揃えている（図 11.2）。回想法の工夫や応用した実践は高齢者の増加とともに拡大の傾向にある。

（2）博物館浴と文化的処方

　文化芸術の健康への影響に関する欧米の研究と日本の森林浴研究を踏まえ、九州産業大学の緒方泉は博物館でのリラックス効果を心理・生理測定で捉える実証検討を、同大学の美術館をベースにして進めている。超高齢化社会に近づく日本の状況を見据えて、健康増進と疾病予防を目的に、「博物館浴」という過ごし方を利用者に提起する取り組みである[6]。博物館が担う新たな役割と位置づけている。

　また、カナダのモントリオール美術館では医師会と協力して、処方箋に
ミュージアムと書くという実践がスタートしている。これは疾病患者の健康回
復の促進治療を補うもので、身体や精神に健康問題を抱える患者とその家族が
無料で美術館を利用することとなる。ミュージアムの処方箋の方法と概念は
2017年にイギリスで構築されたもので、安全で居心地のよい場所への無料入
場、リラックスした活力のある体験、休息の瞬間、そして親愛なる人との絆を
強める機会を提供することにより、患者のウェルビーイングと回復に貢献しよ
うとするのである。

　さらに、COVID-19禍のベルギーでは、パンデミックとソーシャルディスタ
ンスの措置で生じた人びとの精神的損傷の一部を元に戻す機会と位置づけ、ブ
リュッセルの5つの公立博物館と病院の精神科が連携した処方箋も試みられて
いる。ミュージアムの処方が医学的アプローチに替わるものではなく、サプリ
メントとして機能することの意図とともに、COVID-19によって疲弊したコ
ミュニティを活性化させることへの期待も看取される。

　日本での先の緒方の取り組みは、国外のこれらの実践と同様に、博物館が市
民の社会的な処方の場、すなわち地域における健康ステーションになることに
よって、医療福祉分野での博物館の価値の高揚が目指されている。「博物館浴」
による人びとのリラックス効果が具体的にどのようなものか、そのエビデンス
を探るための科学的データの集積と検証が、対象を各種の博物館にひろげて進
められつつある。

　また、国立美術館の新組織として令和5年（2023）に発足した国立アートリ
サーチセンターでは、健康とウェルビーイングに関する事業の取り組みを始め
ている。活動の一つに「共生社会をつくるアートコミュニケーション共創拠
点」があり、これは芸術と福祉とテクノロジーをつなぎ、芸術や地域の文化の
力を活かして「文化的処方」と命名した活動の推進を図るものである。超高齢
社会を迎えるなかでこれを地域に展開することで、だれもが孤立しない共生社
会の創造が目標に掲げられている。

（3）ホスピタルアート

　病院という公共空間でアート作品を通じ、入通院の患者とその家族などの来院者が気持ちを和らげ、心を穏やかにするホスピタルアートの活動も、ウェルビーイングの概念で捉えられる。

　ホスピタルアートは、医療現場の病院を心地よい空間にしようとする発想で始まった。北欧やイギリスでは定着した考え方で、日本でも病院が地域のアートディレクターや大学などと連携し、病院の事業として取り組む例が増えており、美術館からのアプローチもみられる。酒田市美術館（山形県）は、展覧会「ホスピタルアート in 日本海病院/鉄道写真家 中井精也の世界」を、市内の総合病院内の「ホスピタルストリート」と名づけられたスペースで 2017・18 年に開催した。美術と医療分野等との連携を深めることを目的に、美術館のアウトリーチ活動に位置づけられている。

　このようなホスピタルアートは病院空間の一部を構成することとなり、さまざまな症状で心理的な不安や葛藤を抱く人たちなどが目にする。ゆえに多様な状況を配慮し、展示する場の環境を考慮した作品の選択と構成の工夫が求められる。博物館や美術館が連携できるところでもある。そのためにはアートの鑑賞が心理療法として効果をもつことや、アートによる医療空間デザインの心理的影響などについて、博物館側からの考究も望まれる。科学的な根拠を積み上げることによって、博物館や美術館によるホスピタルアートが効果的に展開できるはずである。

　以上、ウェルビーイングの観点による取り組みを紹介してきたが、現在の博物館は人びとの「生」と向き合うことのできる場にもなっており、これは医療や福祉との強いかかわりをもつ。同時に、各人が人間らしく生きていくための幅ひろい後押しを生涯学習の意図だと捉えるならば、ウェルビーイングを目指した活動は、生涯学習推進機関である博物館が積極的に取り組むべきとする認識が大切であろう。

　ところで、上記の実践はいずれも博物館とその資源を利用する人たちに向けた活動である。これらが効果的に機能するには、博物館で活動する学芸員や職

員などのスタッフがウェルビーイングの状態にあってこそとなる。将来の展望と充実した気持ちをもって働くことのできる雇用の在り方や労働環境など、その改善と整備が博物館の設置者や運営側に求められる。

　また、動物園や水族館では飼育・展示する動物たちの心身の健康も大切である。近年では、動物も感受性をもつ生き物とする認識を明確にし、健康的な生活ができる飼育・展示方法を目指すアニマルウェルフェア（animal welfare／動物福祉）の概念に基づいて、運営を再構築する館園が多くなっている。動物が誕生して死を迎えるまでの間、心を寄り添わせ、ストレスをできるだけ与えない環境を作り、その行動要求を満たしていこうとするである。動物の福祉の確立と人に寄り添う館園の実現は、共通した理念の上に立つものといえる。

3. 博物館が基点となるまちづくり

　地域をデザインするなかで、博物館をベースにしたまちづくりも進められつつある。その実践は、地域の多くの人たちを博物館に迎え入れることへの工夫が土台となっている。人びとが博物館のコレクションやプログラムと出合うことで多彩な交流と参画の機会が生まれ、人びとはそれぞれの価値を創出していくのである。

（1）交流と情報発信の基点づくり

　八戸ポータルミュージアムはっち（青森県八戸市）は市街の中心部に所在し、近接の八戸市美術館、まちなか広場マチニワ、ブックセンターとの一体化により、市街地活性化の基点となるべく運営されている。地域の資源を大事にして市民と協働し、まちなかに回遊することを事業コンセプトに掲げ、ガラス張りで人びとが気軽に立ち入れる環境を工夫し、自由に滞留できる空間が随所にある。はっちでは、八戸の文化と産業を紹介する展示を展開してこの土地のポータル（入口）の役割を担うとともに、ギャラリーやスタジオなどの貸しスペースを設け、住民の文化・情報発信の機能も果たしている。八戸市美術館もエン

トランスを広くとり、気軽に立ち寄って落ち着ける空間を作り、コレクション展示は無料で観覧できる。いずれの施設も人びとが安心して過ごせる場となっており、そこで生み出される多様な交流やコミュニケーションが地域の文化を育むのである。はっちは博物館類似施設に分類されるものではあるが、まちづくりを視野に入れた新たな博物館のスタイルと捉えられる。

　また、地域の記憶を大事にしながら、新たなまちづくりの情報発信を担う活動にも博物館は取り組んでいる。直方市石炭記念館（福岡県）は筑豊の石炭産業の歴史を後世に残すことを使命に、昭和46年（1971）に創設された。本館の旧筑豊石炭鉱業組合直方会議所は、筑豊炭田遺跡群の一つとして国指定史跡となっている。歴史ある記念館で、石炭産業の状況は設立当時と現在ではまったく異なり、館の在り方や活動も大きく変化してきた。現在のまちづくりにおいて、かつて炭田と石炭が地域を支え発展の軸となったことの連続性や主体性を大切にして、その情報発信基地であろうとしている。

　夕張市石炭博物館（北海道）は前身が昭和45年（1970）の開設で、ここも石炭産業の盛衰とともに変動してきた。1980年代には石炭の歴史村の整備に合わせて観光施設の位置づけを強くし、集客の中核施設となっていた。その後、石炭産業の衰退の影響もあって平成19年（2007）に夕張市が財政再建団体となるが、この前後に石炭博物館は数度の運営停止に至り運営母体も交代してきた。現在はNPO法人の炭鉱の記憶推進事業団が運営にあたり、炭鉱閉山後の観光開発や財政破綻に関する内容も展示に加えられ、郷土文化施設として活動している。財政破綻の状態の自治体にあって、市民をはじめとする多くの人たちの力で廃館や資料散逸の危機を乗り越え存続に至っている事実は、まちづくりにおいて博物館の意義が大きいことの証左といえる。

　一方、令和元年（2019）年9月に開館した東日本大震災津波伝承館（岩手県陸前高田市）は、東日本大震災での津波の事実と教訓をひろく共有し、先人の知恵に学びながら自然災害に強い社会の実現を目的に掲げている。高田松原津波復興祈念公園内に建つこの施設は、展示と諸活動を通して自然災害から身を守る知識と技術を伝え、自ら行動することにより命を守り、乗り越えていくこ

とを訴える。震災と津波で甚大な被害を受けたこの土地で、災害を克服して進む姿を支援の感謝とともに発信し、まちの再生に取り組む起点とすることを意図した場である。伝承交流施設 MEET 門脇（宮城県石巻市）も同様で、震災の被害を受けた地域が人びとの学び出会う場所になることを目指し、令和 3 年（2021）3 月に開設された。地域の人たちの防災学習の場であり、かつ復興祈念公園や震災遺構の教育旅行・視察の拠点となる活動を行っている。

（2）アートのチカラで

　知的に障害のある人の作品を展示し、表現活動の紹介を通して障害とその人たちへの理解と共感を深め、あわせて当人たちが社会と接する機会を創出して活躍の場となることを意図した美術館がある。藁工ミュージアム（高知市）は、藁製品の備蓄販売のために戦後ほどなく建てられた藁工倉庫群のアートゾーンの一画に位置する。倉庫を改修した美術館で、知的障害の人たちの作品を中心にした企画展や創作表現プログラムなどのアウトリーチにも取り組む。隣接して、藁工倉庫のガイダンス施設があり、障害のある人が交替でその案内役を務め、地域社会とつながる活動の場となっている。ほかにも公演や展覧会などの各種イベントに貸し出すフリースペースが設けられており、幅ひろい交流にねらいを置く。このように美術館とともに設けられたアートゾーンは、福祉とアート、地域とアートをつなぎ、だれもが多様なものとつながって交流する創造的な場となることを通して、共生理念の発信が目指されている。

　同様の活動に取り組む館には、はじまりの美術館（福島県猪苗代町）、もうひとつの美術館（栃木県那珂川町）、ねむの木こども美術館（静岡県掛川市）、ボーダレス・アートミュージアム NO-MA（滋賀県草津市）、art space co-jin（京都市）、鞆の津ミュージアム（広島県福山市）などがあり、障害のある人の作品だけでなくほかのアーティストの作品と一緒に展示することで、普遍的な表現の力を感じてもらい、相互の境界をなくしていこうとする実践もみられる。藁工ミュージアムと同じく、これらの活動の多くは共生社会を具現化するまちづくりの要となっている。

図 11.3　十和田市現代美術館のまちなか常設展示（草間彌生《愛はとこしえ十和田でうたう》
2010 年）

　美術館が核となり、その活動を通して地域デザインに貢献しようとする考え
方は定着がみられる。代表的なのは平成 16 年（2004）に開館した金沢 21 世紀
美術館（石川県金沢市）で、新たなまちの賑わいの創出を目的の一つに掲げ、
まちの広場の役割を果たすことを視野に入れた開放的な建築設計と、市民の参
加交流を促進するプログラムや活動が特徴である。COVID-19 禍以前の令和元
年度（2019）の入館者数は 233 万人を超え、観光都市金沢の文化観光によるま
ちづくりを支え、大きな経済効果も生み出している。また、十和田市現代美術
館（青森県）も地域デザインに大きくかかわる館である。作品を美術館内だけ
で展開するのではなく、館の正面にはアート広場を設けてそれを計画的にまち
なかにも拡大し、市民の日常生活との融合が企図されている（図 11.3）。人口
は 6 万人に満たない小規模都市にありながら、入館者数が開館から 14 年で 200
万人にも達し、約 7 割が県外からの来訪者だという。市民の暮らしを文化的に
彩ることと結びついた美術館づくりが、地域観光における美術館の魅力を高め
ているのである。
　同様に、アーツ前橋（群馬県前橋市）は前橋市の中心部にある美術館で、人

びとの生活とともにあるアートの実現を意図し、それと同化したまちづくりを
理念に掲げる。無料のコレクション展示を中心に運営され、アート関連の図書
やデータを閲覧できるライブラリーやミュージアムショップ、カフェを設置
し、その様子が歩道からガラス越しに見える。展示だけでなく、市民が気軽に
そして多様に利用できる場所づくりが工夫され、地域デザインに資する空間と
なっている。同じく、せんだいメディアテーク（宮城県仙台市）はギャラリー
と図書・映像のライブラリーおよびスタジオからなる施設で、美術や映像文化
の活動拠点であるとともに、メディアを通してすべての人が自由に情報のやり
とりができるようなサポートを目標とする。ギャラリーでは多彩な展覧会が展
開され、無料の企画も多い。エントランスは街路に連続する屋内型の公開空地
を意識しており、アーツ前橋と同様に開放的な空間が整い、多くの人たちのコ
ミュニケーションと交流を育む環境が生まれている。

　また、行政側からは美術館や博物館を文化芸術の発信基地に位置づけ、文化
芸術の創造性を活かした「創造都市」への転換を掲げる動向がある。札幌市や
金沢市、丹波篠山市などが早くから推進している。「創造都市」は柔軟で新し
い発想、すなわち創造性を基盤にして産業振興や地域活性化といった都市政策
の展開を念頭に置くもので、文化の多様性の保持と潜在能力の活用がねらいで
ある。横浜市や神戸市のように、これと関連させた国際芸術祭などの開催もみ
られる。「創造都市」の取り組みは、国際的にはUNESCOによる2004年の「創
造都市ネットワーク」事業に始まる。日本では文化芸術の創造性を地域振興や
観光・産業振興などに領域横断的に活用し、地域課題の解決を図る地方自治体
を「文化芸術創造都市」と位置づけ、平成21年（2009）から文化庁が支援をス
タートさせている。

（3）博物館による廃校復活

　廃校後の校舎や跡地を利用した博物館が増えつつある。少子化の進行によ
り、過疎化に悩む地方だけでなく都心部にも生まれている（図11.4）。学校は
コミュニティの中心であり、未来を担う子どもたちが育まれて巣立つ場であっ

た。身近な存在の学校が姿を消すことによる住民の喪失感は大きく、廃校の利活用は地域の人びとの心の支えとなる。住民が再びそこに足を運ぶことで思い出の場に新たな物語が加わることとなり、さらに地域外からも人が集まることで内外の人の流れが生まれ、地域を再活性に導く起点となり得る。しかしながら、収蔵以外の機能を十分に発揮していない例も少なくない。大勢が集うアクティブで魅力的な博物館とするには、

図 11.4　廃校舎利用の博物館（上：都心部のさらなる発展を期する京都国際マンガミュージアム、下：過疎が進む地方の文化拠点を目指す青森県外ヶ浜町大山ふるさと資料館、2024 年度に別の廃校に移転予定）

かつて存在した学校と同様に、そこに暮らす人たちと行政が協働で盛り立てていく理念と仕組みが大切となる。

　鳥海山木のおもちゃ館（秋田県由利本荘市）は国登録有形文化財の旧鮎川小学校に設けられたもので、見て遊ぶとともに、伝承文化に触れ、地域に根ざした「多世代交流・木育施設」が目指されている。旧校舎内には地元産の木を使ったおもちゃと大型遊具が配置され、子どもが楽しむだけでなく、市内の林業関係者や子育て支援団体の活躍の場となることをねらいとする。展示のおもちゃを校舎内の各所に散りばめるなど、美しく楽しくみせる工夫が随所にみられる。そのような実践から、平成 30 年（2018）7 月の開館後約 1 年で入館者は10 万人に達し、市外からも多くの来訪者を迎えた新しい交流が生まれている。

　また、同じ年に開館したむろと廃校水族館（高知県室戸市）は旧椎名小学校を改修した施設で、校舎内に設置された水槽と屋外プールで地元の定置網にか

かった多種の魚とウミガメなどを飼育展示する。室戸で捕獲採集した生き物だけで構成され、学校の設備を各所で活用・転用し、学校の雰囲気を残した手作り感のある展示やワークショップが特徴である。COVID-19 禍を経ながらも 5 年間で 55 万人超の入館者を迎え、地域活性化の主要起点となっている。

　最後に、今日の社会の方向性を示す SDGs（Sustainable Development Goals ／持続可能な開発目標）と博物館のかかわりについて触れておきたい。今や日本でも定着した言葉となっている SDGs は、2019 年の国連サミットで採択された「持続可能な開発のための 2030 アジェンダ」が示す 2030 年までの国際目標である。地球上でだれ一人取り残すことのない持続可能で、多様性と包摂性のある社会の実現のため、17 の目標を掲げ、その下に 169 のターゲットと 231 の指標を示している。第 1 章 2.（2）で示した ICOM（国際博物館会議）の新しい博物館定義には、博物館はだれもが利用でき、包摂的で、多様性と持続可能性を育む場であることが追記された。その実例として本章で紹介した地域デザインにかかわる博物館の在り方は、持続可能な人びとの暮らしと地域社会の創出を目指す姿である。SDGs を達成するための価値観の基準ともいえるもので、SDGs の実現に向けた博物館活動の実践に位置づくものともなっている。

註

（1）DCMS 2000 "Centres for Social Change : Museums, Galleries and Archives for All"
（2）"Recommendation on the Protection and Promotion of Museums and Collections, their Diversity and their Role in Society"（2015 年 11 月 20 日、第 38 回ユネスコ総会採択）
（3）濱田隆士 1999「博物館五感論」『ユニバーサル・ミュージアムをめざして―視覚障碍者と博物館―』神奈川県立生命の星・地球博物館。
（4）インクルーシブ教育という言葉は、障害者教育の基本的在り方にかかわって使われる場合が多い。一方、ユネスコが示す教育のインクルージョンは学習者の多様性に着目して対応するプロセスで、すべての人の学習・文化・地域社会への参加の促進と、学校以外の教育施設も含めた学習機会からの排除をなくすことを目的としている（Policy Guidelines on Inclusion in Education : 2009、など）。
（5）https://survey.gov-online.go.jp/r01/r01-life/2-2.html（2023 年 8 月 26 日閲覧）。

（6）緒方泉 2021「博物館浴によるリラックス効果の検証」『地域共創学会誌』6、九州産業大学。

（7）MMFA-MFdC Museum Prescriptions: Museum Visits Prescribed by Doctors （https://www.mbam.qc.ca/en/news/museum-prescriptions/）（2023 年 8 月 26 日 閲覧）。

（8）Psychiatrists in Brussels can now prescribe museum visits for mental health issues （https://www.themayor.eu/en/a/view/psychiatrists-in-brussels-can-now-prescribe-museum-visits-for-mental-health-issues-8831）（2023 年 8 月 26 日閲覧）。

（駒見和夫）

読書案内

　各章のテーマにかかわって、学びをさらに深めたい人にお勧めする図書を、各執筆者に提示してもらいました。書店で入手できないものもありますが、図書館などでひもとき、新たな知識の扉を開いてみてください。

第1章（駒見和夫）
暮沢剛巳　2022『ミュージアムの教科書―深化する博物館と美術館』青弓社
ビショップ、クレア（村田大輔訳）2020『ラディカル・ミュゼオロジー――つまり、現代美術館の「現代」ってなに？』月曜社
ブノワ、リュック（水嶋英治訳）2002『博物館学への招待』白水社
メレス、フランソワ・デバレ、アンドレ編（水嶋英治訳）2022『博物館学・美術館学・文化遺産学　基礎概念事典』東京堂出版
松宮秀治　2003『ミュージアムの思想』白水社

第2章（滝口正哉）
暮沢剛巳　2022『ミュージアムの教科書―深化する博物館と美術館』青弓社
椎名仙卓　1988『日本博物館発達史』雄山閣
関　秀夫　2005『博物館の誕生―町田久成と東京帝室博物館』岩波新書
鷹野光行ほか編　2011『新編博物館概論』同成社
高橋雄造　2008『博物館の歴史』法政大学出版局

第3章（伊豆原月絵）
佐藤一子　2016『地域文化が若者を育てる―民俗・芸能・食文化のまちづくり』農山漁村文化協会
日本博物館協会編　2012『博物館の原則　博物館関係者の行動規範』財団法人日本博物館協会
メレス、フランソワ・デバレ、アンドレ編（水嶋英治訳）2022『博物館学・美術館学・文化遺産学　基礎概念事典』東京堂出版

第4章（江水是仁）
梅棹忠夫　1990『梅棹忠夫著作集15　民族学と博物館』中央公論新社
栗原祐司　2022『基礎から学ぶ博物館法規』同成社

博物館法令研究会編　2023『改正博物館法詳説・Q&A　地域に開かれたミュージアムをめざして』（文化とまちづくり叢書）水曜社

ブルデュー、ピエール（山下雅之訳）1994『美術愛好―ヨーロッパの美術館と観衆』木鐸社

メレス、フランソワ・デバレ、アンドレ編（水嶋英治訳）2022『博物館学・美術館学・文化遺産学　基礎概念事典』東京堂出版

第5章（田中裕二）

金山喜昭編　2023『博物館とコレクション管理―ポスト・コロナ時代の資料の保管と活用〈増補改訂版〉』雄山閣

佐々木利和・湯山賢一　2012『改訂新版　博物館資料論』放送大学教育振興会

鷹取ゆう　2021『ただいま収蔵品整理中！学芸員さんの細かすぎる日常』河出書房新社

滝登くらげ　2023『学芸員の観察日記　ミュージアムのうらがわ』文学通信

ホルム、S. A.（田窪直規監訳・監修）1997『博物館ドキュメンテーション入門』勁草書房

第6章（神庭信幸）

石崎武志編著　2012『博物館資料保存論』講談社

神庭信幸　2014『博物館資料の臨床保存学』武蔵野大学出版局

日本博物館協会編　2023『博物館資料取扱いガイドブック』ぎょうせい

ブランディ、C.（小佐野重利監訳）2005『修復の理論』三元社

Thomson, Garry　1978『The museum environment』Butterworth & Co. Ltd.

第7章（森田喜久男）

赤澤　威　2000『ネアンデルタール・ミッション―発掘から復活へ　フィールドからの挑戦―』岩波書店

黒田泰三　2015『思いがけない日本美術史』祥伝社新書

西野嘉章　2004『ミクロコスモグラフィア　マーク・ダイオンの驚異の部屋　講義録』平凡社

平川　南　1994『よみがえる古代文書―漆に封じ込められた日本社会』岩波新書

宮川禎一　2016『「霧島山登山図」は龍馬の絵か？―幕末維新史雑記帳』教育評論社

第8章（井上由佳）

栗原祐司・林菜央ほか　2019『ユネスコと博物館』雄山閣

黒沢　浩　2015『博物館教育論』講談社

ハイン、G.（鷹野光行監訳）2010『博物館で学ぶ』同成社

浜田弘明編　2014『博物館の理論と教育』朝倉書店

若月憲夫編著　2021『ミュージアム展示と情報発信』（博物館情報学シリーズ4）樹村房

第9章（菅井薫）

伊藤寿朗　1993『市民のなかの博物館』吉川弘文館

駒見和夫　2008『だれもが学べる博物館へ―公教育の博物館学』学文社

菅井　薫　2011『博物館活動における「市民の知」のあり方―「関わり」と「価値」の再構築』学文社

浜口哲一　2000『放課後博物館へようこそ―地域と市民を結ぶ博物館』地人書館

吉田憲司　1999『文化の「発見」―驚異の部屋からヴァーチャル・ミュージアムまで』岩波書店

第10章（高柳直弥）

青木豊・中村浩ほか編　2018『博物館と観光　社会資源としての博物館論』雄山閣

石井淳蔵・廣田章光ほか　2019『1からのマーケティング』（第4版）碩学舎

今村信隆・佐々木亨編　2021『学芸員がミュージアムを変える！公共文化施設の地域力』水曜社

木村至聖・森久聡編　2020『社会学で読み解く文化遺産―新しい研究の視点とフィールド』新曜社

電通PRコンサルティング　2023『企業ミュージアムへようこそ　上巻：PR資産としての魅力と可能性』時事通信社

第11章（駒見和夫）

今村信隆・佐々木亨編　2021『学芸員がミュージアムを変える！公共文化施設の地域力』水曜社

小川義和・五月女賢司編著　2021『発信する博物館―持続可能な社会に向けて』ジダイ社

河島伸子・小林真理ほか　2020『新時代のミュージアム―変わる文化政策と新たな期待』ミネルヴァ書房

カセム、ジュリア・平井康之ほか編著　2014『インクルーシブデザイン―社会の課題を解決する参加型デザイン』学芸出版社

中小路久美代・新藤浩伸ほか編著　2016『触発するミュージアム―文化的公共空間の新たな可能性を求めて』あいり出版

おわりに

　博物館は、現在とこれからの社会をさまざまな面で支えて先導する能力をもち、それを発揮すべく理論を整えて機能や活動などの議論と検証を進め、実践に取り組んでいる——そのことを本書から読み取っていただけたと思う。この能力は多面的なひろがりをもっており、楽しみと融合した学習の促進、多彩な文化と技能の伝承、創造性と新たな価値づくりの推進、多様なコミュニケーションの展開、コミュニティの結束と活性化、持続可能な社会の意識化、といったことが今日の博物館で求められる活動観点といえる。これらに道を開くために、視野をひろげた博物館学研究、博物館の発達史と社会的位置づけの再認識、博物館倫理の整備、実践力のある学芸員養成の在り方、文化や伝統を継承し発信するための資料の収集と活用、そして臨床を軸にした保存管理の検討、調査研究を土台にした多様なテーマで包摂的なスタイルの展示と学習プログラムの開発、社会教育と文化観光を見据えた活動システムの構築、幅ひろい交流とコミュニケーションを通した地域社会の誇りと文化の創造、などの実現を図っていくこととなろう。

　さかのぼって1965年、ユネスコ本部での成人教育推進国際員会で、フランスの教育学者ポール・ラングランは現代社会の加速度的な変化を指摘し、それを人類の生存に対する挑戦と受け止め、生涯にわたる教育の必要性と価値を説いた。それから70年近くを経た今日の社会は変化のスピードをさらに上げ、人びとに突き付けられた課題は一段と深刻度を増している。生きていくことの息苦しさや前途に立ちはだかる困難に戸惑いをもつ人は少なくないだろう。上記の取り組みなどを通して、博物館は私たちとこの社会に、希望と各人の人生を切り開く指針や力をもたらすものになり得る。博物館のことを知って理解を深め、それを自身の活動範囲に加えることができれば、力強く生きていくこと

の後押しとなるに違いない。

　一方で、そのような博物館で働く人たちには、日々の現場でさまざまな苦労や工夫が必要とされる。なかでも博物館の専門的職員に位置づく学芸員は、多面的な研究を基に現代の課題に即応した活動を展開していくこととなる。けっして容易ではなく多くの困難を伴うであろう。けれども、魅力的な資料・作品とともに多様な人と向き合うその営みは創造性に満ちている。ワクワクせずにはいられないものであり、やりがいは大きい。狭き門ではあるが、苦労して目指すに値する、素晴らしい仕事だと伝えたいと思っている。

　最後になりましたが、この書物をつくりあげることができたのは、各執筆者の真摯さの賜であることはいうまでもありません。また、写真掲載を快諾くださった諸機関（青森県外ヶ浜町大山ふるさと資料館、アシュモリアン博物館、京都国際マンガミュージアム、島根県立古代出雲歴史博物館、東京おもちゃ美術館、十和田市現代美術館、能登川博物館、浜松市博物館、北海道博物館、町田市立国際版画美術館、美濃加茂市民ミュージアム、早稲田大学図書館）に感謝申し上げます。さらに、本書を編むきっかけを与えてくださったお茶の水女子大学名誉教授の鷹野光行先生、それを後押しして構成をともに考えてくださった同成社社長の佐藤涼子さん、的確なアドバイスと丁寧なサポートで支えてくださった同編集部の三浦彩子さん、これらの方々のご尽力があったからこそ一冊の形となりました。記して深く感謝申し上げます。

　　2024 年 1 月

　　　　　　　　　　　　　　　　　　　　　　駒 見 和 夫

執筆者紹介 (執筆順・編者を除く)

滝口正哉 (たきぐち まさや) ※第2章

1973年生まれ

立教大学文学部特任准教授、博士（文学）

専門分野：日本近世史、民俗文化史

〔主要論著〕『江戸の社会と御免富―富くじ・寺社・庶民』（岩田書院、2009年）、『江戸の祭礼と寺社文化』（同成社、2018年）

伊豆原月絵 (いずはら つきえ) ※第3章

1959年生まれ

日本大学理工学部教授、博士（学術）

専門分野：博物館学、文化人類学、服飾美学

〔主要著作〕『ファッションの記憶―1960〜70年代おしゃれの考現学』（東京堂出版、2005年）、「学芸員課程における体験型科学館実施による教育効果と社会貢献―対面式の展示とコロナ禍におけるオンライン科学館の実施例について」『全博協研究紀要』23（2021年）

江水是仁 (えみず ただひと) ※第4章

1975年生まれ

東海大学ティーチングクオリフィケーションセンター社会教育学系准教授、博士（工学）

専門分野：博物館学、建築計画学、サイエンスコミュニケーション、都市地理学

〔主要論著〕「館園実習担当者からみた大学における学芸員養成教育の課題」『博物館学雑誌』第47巻第2号（共著、2022年）、「エコミュージアム活動にかかわることによる地域住民の変化〜well-beingの視点から〜」『エコミュージアム研究』第28号（2023年）

田中裕二 (たなか ゆうじ) ※第5章

1975年生まれ

静岡文化芸術大学文化政策学部准教授、博士（歴史学）

専門分野：博物館学、日本近代史

〔主要論著〕「指定管理者制度下における公立博物館の外部資金調達」『転換期の博物館経営』（同成社、2020年）、『企業と美術―近代日本の美術振興と芸術支援』（法政大学出版局、2021年）

神庭信幸（かんば のぶゆき）※第6章

　　1954年生まれ

　　東京国立博物館名誉館員/フリーランス・コンサーヴァター、博士（美術）

　　専門分野：保存科学

　　〔主要論著〕『博物館資料の臨床保存学』（武蔵野大学出版局、2014年）、『博物館資料
　　　取扱いガイドブック』（共著、ぎょうせい、2023年）

森田喜久男（もりた きくお）※第7章

　　1964年生まれ

　　淑徳大学人文学部教授、博士（歴史学）

　　専門分野：日本古代史、博物館学

　　〔主要論著〕『古代王権と出雲』（同成社、2014年）、『能登・加賀立国と地域社会』（同
　　　成社、2021年）

井上由佳（いのうえ ゆか）※第8章

　　1976年生まれ

　　明治大学文学部准教授、Ph. D. in Education

　　専門分野：博物館学、博物館教育学

　　〔主要論著〕「明治大学学芸員養成課程修了者数のデータ分析（1984年～2019年）—そ
　　　の推移と特徴について」『Museum Study』32号（2021年）、『ユネスコと博物館』
　　　（共著、雄山閣、2019年）

菅井　薫（すがい かおる）※第9章

　　1981年生まれ

　　大阪市立自然史博物館外来研究員、博士（学術）

　　専門分野：博物館学、生涯学習論、市民活動論

　　〔主要論著〕『博物館活動における「市民の知」のあり方—「関わり」と「価値」の再構
　　　築』（学文社、2011年）、「ボランティアを始めとした市民による博物館活動」『改訂
　　　新版　博物館教育論』（放送大学教育振興会、2022年）

高柳直弥（たかやなぎ なおや）※第10章

　　1984年生まれ

　　大正大学地域創生学部准教授

　　専門：マーケティング、ミュージアムマネジメント

　　〔主要論著〕『イノベーションの普及過程の可視化—テキストマイニングを用いたクチ
　　　コミ分析』（共著、日科技連出版社、2016年）、『現代の観光を学ぶ—地域創生にむ
　　　けて』（共著、八千代出版、2022年）

総説 博物館を学ぶ

■編者略歴■

駒見和夫（こまみ かずお）

1959 年生まれ

明治大学文学部教授、博士（歴史学）

〔主要論著〕『だれもが学べる博物館へ―公教育の博物館学』（学文社、2008 年）、『博物館教育の原理と活動―すべての人の学びのために』（学文社、2014 年）、『人文系博物館教育論』（共著、雄山閣、2014 年）、『特別支援教育と博物館―博学連携のアクティブラーニング』（編著、同成社、2016 年）、「博物館がつむぐ特別支援学校との学び」『知的障がい・発達障がいのある子どもも楽しめるワークショップデザイン』（兵庫県立考古博物館、2022 年）

2024 年 3 月 13 日発行

編　者	駒　見　和　夫	
発行者	山　脇　由　紀　子	
印　刷	藤　原　印　刷 ㈱	
製　本	協　栄　製　本 ㈱	

発行所　東京都千代田区平河町 1-8-2　㈱ 同成社
　　　　山京半蔵門パレス（〒102-0093）
　　　　TEL 03-3239-1467　振替 00140-0-20618